회의주의자 쇼펜하우어,
모욕의 기술

쇼펜하우어는 논쟁에서 더 이상 반론할 수 없으면 이제 상대방을 모욕해야 할 때가 됐다고 권한다. 왜냐하면 "조야한 언행으로 모든 논리를 꺾을 수 있기" 때문이다. 이 책에서는 이론은 짧게 다루고, 쇼펜하우어가 '정언적 파렴치성'으로 온갖 범주의 대상을 겨냥하여 빈정대고 악의에 찬 표현을 구사하며 맹렬히 비난하는 구체적 사례를 주로 소개한다. 그는 철학자, 소설가, 여성, 사회 기구, 인간, 인생 등 한마디로 세상 전체에 맞선다. 하지만 성공적인 자기 방어법도 우리에게 일러 준다.

Die Kunst zu beleidigen

by Arthur Schopenhauer
Copyright ⓒ Verlag C.H.Beck oHG, München 2019

Korean Translation Copyright ⓒ 2020 by Wisdomhouse Inc.
Korean edition is published by arrangement with ⓒ Verlag C.H.Beck oHG, München through BC Agency, Seoul.

회의주의자

쇼펜하우어,

모욕의

기술

글 아르투어 쇼펜하우어
옮김 문정희

위즈덤하우스

쇼펜하우어는 어느 모로 보나 독특한 인물이다. 그는 칸트나 헤겔과 달리 철저한 학구파가 아니었지만 대학의 학술 전통 밖으로 완전히 벗어나지도 못했으며, 기독교보다 인도의 힌두교와 불교를 선호했다. 또한 유독 국가주의에서 자유로웠던 만큼 독일뿐만 아니라 영국과 프랑스 저술가들의 사상에도 정통했고, 광범위하게 문화를 흡수했기에 윤리뿐만 아니라 예술에도 관심이 많았다. 게다가 그의 시대에 팽배했던 낙관주의적 관념에 반하는 염세주의적 관점에서 출발하여 의지가 지식보다 우월하다는 학설로 19세기 후반과 20세기의 새로운 시대정신을 끌어내는 데 특출한 영향을 끼쳤다.

여기에 소개된 글들은 주로 쇼펜하우어의 인간적 면모가 고스란히 배어 있는 짧은 에세이 형식의 발췌문이다. 그의 주요 저서《의지와 표상으로서의 세계》나 그의 사상적 근간인 박사 논문 〈충족 이유율의 네 겹의 뿌리에 관하여〉에서 다루어진 심오한 철학적 논의와는 성격을 달리하는 글들로, 그가 세상의 모든 주제를 단정적으로 평가하고 비판하는 자신만만한 주장들로 점철되어 있다. 그의 글에서는 다채롭고 기발한 발상과 표현이 돋보이는 한편, 당대 대중의 습속과 세태에 대한 불평불만, 동시대 철학자들에 대한 비방과 모욕, 특히 헤겔에 대한 심한 경쟁심 혹은 열등감 등이 흘러넘친다. 특히 여성을 비하하는 글이 많은데, 비록 일부는 야심 찬 문학가였던 어머니와 다툰 경험에서 비롯되었다는 점을 고려한다 쳐도, 지나치게 여성 일반에 대한 야멸찬 표현들로 가득 차 있어서 21세기의 상식을 지닌 독자들의 심기를 불편하게 한다. 그렇기에 유행이 지난 외투를 걸친 채 애완견 아트만Atman(세계 영혼)과 함께 매일 산책하며 독특한 노총각의 삶을 이어 간 고전적 지식인 쇼펜하우어의 실루엣은 문득 가부장적인 유교 사상에 찌들 대로 찌든 구한말의 고리타분한 양반이 담뱃대를 탁탁 털어 대며 급변하는 시대상을 한탄하는 모습과 갈데없이 하나로 겹쳐진다. 따라서 책장을 넘겨 갈수록 우리는, 동물에게 친절하고 동물 생체 해부에 반대했으며 창녀에게 따스한 눈길을 보낸 것을 빼고는 쇼펜하우어가 철저히 자기 본위로 제멋대로 행동하는 사람이었다는 평판에 동의하게 될 뿐만 아니라, "금욕과 체험의 덕을 깊이 확신했던 사람이 스스로 확신한 덕을 실천에 옮기려고 하지 않았다는 사실이 전혀 믿기지 않는다."라며 놀라움을 금치 못했던 영국의 철학자 버트런드 러셀의 반응에도 공감하게 된다.

쇼펜하우어의 글은 물론 그의 주관적인 견해를 담은 것이지만, 여기에는 당대의 보편적 시대정신이 어느 정도 녹아 있다는 점을 당연히 기억해야 할 것이다. 따라서 그의 글을 읽으면서 우리는 여러 분야에 걸쳐 오늘날까지 해결하고 격파해 왔으며 또 앞으로도 계속 풀어내야 할 과제의 보편적 내용을 구체적으로 취득할 수 있는 계기를 얻을 수도 있겠다. 또한 당대 지식인에 대한 개인적 악감정을 거침없이 드러내는 쇼펜하우어의 단도직입적 표현을 읽으면서 때론 거칠게 진행되는 우리의 토론 문화를 재고할 수 있는 계기로 삼을 수도 있겠다. 껄끄럽게 느껴지는 대목이 많아 생각할 거리를 오히려 더 많이 제공하는 이 책은 1990년대에 이탈리아와 독일에서 출간된 이래 독자의 호응을 꾸준히 받고 있다. 21세기의 우리 독자들도 이 작은 책을 통해, 당시 유럽의 시대정신을 반영하는 독설가 쇼펜하우어의 회의적 세계관을 쏠쏠히 맛보게 되기를 희망한다.

2020년 4월 문정희

프랑코 볼피Franco Volpi (1952-2009)

이탈리아 파도바대학교의 철학과 교수였다. 생전에 밀라노의 출판사 아델피(Adelphi)를
도와 쇼펜하우어의 유작과 하이데거 저서의 이탈리아어 판본을 발행했다.

• 일러두기

1. 이 책은 2002년 C.H. Beck에서 출간된 쇼펜하우어Arthur Schopenhauer의
   Die Kunst zu beleidigen, 2019년 paperback 판을 우리말로 옮긴 것이다.

2. 인명과 지명 등의 외국 고유명사의 표기는 국립국어원 외래어 표기법을 기준으로 삼았다.

3. 본문에 언급된 책들 가운데 국내에 번역 소개된 책의 경우, 독자들에게 많이 알려진
   우리말 제목을 따랐으며 혼선을 방지하기 위해 최초 언급된 위치에 원서명을 병기하였다.

4. 원서의 이탤릭체 표기는 본문에서 굵게 강조하였다.

5. 원서에서 라틴어로 표기된 주요 용어는 우리말로 옮긴 다음 라틴어를 병기하였고,
   옮긴이의 주는 해당 페이지 하단에 실었다.

프랑코 볼피

모욕과 명예 훼손 - ㄱ부터 ㅎ까지

1. 최후의 수단은 모욕

이 책《회의주의자 쇼펜하우어, 모욕의 기술》은《논쟁에서 이기는 법Die Kunst, Recht zu behalten》을 보완하기에 제법 적절하다. 논쟁적 토론법을 다룬 작은 안내서인《논쟁에서 이기는 법》은 쇼펜하우어가 개인적으로 사용하려 엮어 냈지만 그의 생전에 출판되지 않았다.[1] 이 책에는 논쟁에서 상대를 이기는 38가지의 전략이나 술책이 소개되어 있는데, 서로 첨예한 의견 대립으로 맞서는 논쟁에서 유용하게 쓸 만하고 특히 진실을 묵살하는 한이 있더라도 무조건 상대방을 제압하고자 할 때에 꽤 효과적이다. 쇼펜하우어는 이 책의 말미에서 논쟁적 토론술이 부딪히는 한계를 조목조목 다루며 부득이하게 또 다른 극단적 무기를 꺼내 들게 되는 상황에 대해 지적한다. 이를테면, 지적으로 월등한 상대를 맞이해서는 설령 우리가 변론술까지 구사하며 나름대로 능란하게 응수한다 해도 상대가 매우 논증적 차원에서 토론을 압도해 가면 결국 말문이 막히게 마련이다. 그렇다고 해서 이쪽에서 벌써 백기를 들었다는 뜻은 물론 아니다. 쇼펜하우어가 스스럼없이 충고하는 비상수단extrema ratio이 아직 남아 있기 때문인데, 그가 알려 줄 논쟁에서 이기는 38번째 방법인 이 비열한 최후의 수단은 바로 이렇다.

"상대방이 지적으로 우월해서 토론의 정황이 자신에게 아주 불리하게 돌아간다 싶으면 우리는 사적 감정에 휩싸여 상대를 모욕하고 거칠게 대하게 된다. (논쟁에서 뻔히 질 것 같기에) 이제 개인적인 악감정을 드러내며 논점에서 벗어나 상대방의 신상을 문제 삼는다. 이쯤 되면 대인 논증 argumentum ad hominem이 아니라 인신공격argumentum ad personam으로 들어가는 것이다. 다시 말해, 대인 논증을 할 때는 상대방이 주장하거나 인정하는 내용을 따져 묻는 데 집중하기 위해 아주 객관적인 논점에서 일탈하지만, 인신 공격을 하게 되면 논쟁의 주제 따위는 아예 무시하고 공연히 상대방의 인격을 걸고넘어지면서 상대에게 심술궂고 모욕적인 말을 거칠게 내뱉고 심리적인 상처를 입힌다. 이는 올곧은 정신의 힘은 팽개치고 육체의 힘과 야만적 본능에 호소하는 언행이다."[2]

쇼펜하우어는 "이 논쟁 수단은 누구나 쉽게 쓸 수 있기 때문에 인기가 높고 자주 사용된다."[3]라고 덧붙인다. 고대에도 잘 알려진 "이 수단을 그리스의 소피스트들이 몰랐을 리가 없다. 이를 동원하면 논쟁 당사자들이 서로 같은 차원에서 맞서게 되고 심지어 극심한 지적 불균형이 잠시 상쇄될 때도 있는데 바로 이런 게 인신공격의 효과라는 것이다. 그래서 천박한 사람들은 상대방이 자기보다 지적으로 우월하다고 느끼기만 해도 이를 잠시나마 부정하려고 본능적으로 그를 모욕하기 시작한다."[4]

우리가 일상에서 흔히 경험하다시피 토론과 논쟁의 강도가 높아지다 보면 피치 못하게 상대방을 괴롭히며 질책하고 모욕하고 모략하는 장면이 연출되기도 한다. 그럴 때면 어떤 결말로 이어질지 불 보듯 뻔하다.

즉 "이제 상황이 어떻게 돌아가는지는 모욕을 받은 쪽이 어떤 수단을 쓰느냐에 달려 있다. 그도 모욕을 준 쪽과 똑같은 수단을 쓸 작정이라면 그들은 서로 치고받고 싸우거나 결투를 하거나 이도 아니면 명예 훼손죄를 가리려 법정에서 만나게 될 것이다."[5]

쇼펜하우어는 싸움이 이런 방향으로 번질 가능성을 염려해서 논쟁을 지나치게 막장으로 몰고 가지는 말라고 충고한다. 큰 소동으로 이어질 만큼 상황을 악화시키는 것은 무조건 피하는 게 상책일 것이다. 그래서 그는 다음과 같이 몇 가지 실질적인 권고를 한다.

1. 상대방이 던지는 욕설과 모욕을 태연하게 받아넘기면서 그게 마치 대수롭지 않다는 듯 반응한다. 쇼펜하우어가 소개하는 전형적 사례와 일화를 살펴보면 현명한 사람들은 가차없이 모욕을 당하고 욕을 먹어도 신중함을 잃지 않고 침착한 태도를 유지한다.[6]

2. 이보다 더 현명한 충고는 아리스토텔레스가 《소피스트적 논박 Sophistici elenchi》에서 해 준다. 그에 따르면, 우리는 가능하면 매우 탁월한 인물이나 무턱대고 지껄이는 소피스트들과 논쟁에 빠지지 않게 피해야 한다. 한마디로, 서로 진지하게 토론하고자 하는 대상을 신중히 선택해야 하는 것이다.

누구나 경험을 해 봐서 잘 알겠지만, 조심하라는 충고를 수없이 받아도 우리는 서로 욕설을 퍼붓고 모욕하는 자리에 부득이하게 휩쓸리는 경우가 있다. 암만 피하고 싶어도 소용없다. 때로는 한 걸음 물러서거나 중립을 지키는 게 전혀 불가능해 보이는 상황도 자주 빚어진다. 그건 아마도 쇼펜하우어의 말대로 상대에게 모욕을 당한 사람은 명예를 잃게 되고, 상대를 먼저 모욕한 사람은 "정말 비열하고 무뢰한, 우둔한 짐승 같은 인간, 게으름뱅이, 도박꾼, 빚에 몰린 자"이기 때문일 것이다. 한마디로, "조야한 언행은 모든 논증을 꺾고 모든 지력을 무색"하게 한다.[7] 따라서 우리는 "진리, 지식, 이성, 지성, 기지를 잘 살려서 가당치도 않은 조야함을 물리쳐야" 한다.[8]

쇼펜하우어는 〈명예에 대한 논문 개요Skizze einer Abhandlung über die Ehre〉에서도 이를 단호하게 주장한다. "**조야한 언행**은 명예가 걸려 있는 상황에 처했을 때 다른 것을 모두 밀어젖히는 독불장군이다. 논쟁이나 대화를 하다 보면 상대방이 우리보다 더 올바른 전문 지식의 소유자이고 진리를 더 엄격히 존중하며 더 건전한 판단을 내릴 때도 있으며 때로는 뛰어난 지성으로 우리를 압도하기도 한다. 그럴 때면 우리는 이에 거칠게 반응하며 맞받아침으로써 상대방의 탁월함에 눌려 들통난 본인의 빈약함을 잠시 잊고 역설적으로 우월감을 조금이나마 느낄 수도 있다."[9]

따라서 무례함을 제치거나 상대를 모욕할 필요가 있는 우발적인 상황에 대비해 평소에 준비 태세를 잘 갖추는 것은 무척 중요하다.

2. 파렴치한 언행의 수련

특히 다른 사람 때문에 심사가 많이 뒤틀렸을 때, 우리는 내심으로 그를 비난하고 모욕하면서 계속 치밀어 오르는 욕설에 정신없이 골몰하기도 한다. 그런데 하필이면 정말 필요한 순간에 상황에 딱 맞으면서도 정곡을 찌르는 모욕적인 표현이 생각나지 않을 때가 있다. 이럴 때 상황을 자기에게 이롭게 돌릴 수 있으려면 그런 토론법도 배우고 거듭 연습해야 한다. 이 기교는 펜싱이나 공격 및 방어술이 핵심인 스포츠 분야에서 적용되는 수련법과 비슷하다. 대개 거칠고 다혈질인 사람들이 남을 예사롭게 질책하고 모욕하지만 그것도 어느 정도 치밀한 기술이 몸에 잘 배어 있어야 가능한 일이다. 다시 말해, 적시에 제대로 착안해 낸 험담으로 남에게 상처를 입힐 작정이라면 적절한 기교가 필요한데, 그것은 평소에 숙련되어 있어야 제때 사용할 수 있다.

그런데 구체적인 기교를 어디서, 또 누구에게 배울 수 있을까?

바로 이때 쇼펜하우어가 도움의 손길을 내민다. 독일 단치히 출신인 이 철학자는 남을 조롱하고 질책하며 모욕하는 표현을 하는 데 매우 익숙했던 것 같다. 물론 그는 '모욕의 기술'을 다루는 글을 직접 상세히 쓰지는 않았다. 다만 여러 간접 증거로 보아 그가 이를 주제로 삼아 집필할 생각이 있었던 것으로 짐작된다. 달리 말해, 그의 많은 저술과 유작을 훑어보면 그가 온갖 대상을 향해 질책, 험담, 명예 훼손, 모욕을 한 대목들을 길게 뽑아낼 수 있는데, 이걸 보노라면 그의 집필 의도가 분명하게 전해진다. 따라서 나는 그런 대목들을 그의 저술과 유작에서 세심히 발췌하여 '상대방을 모욕하는 방법'이라는 주제로 여기에 한데 엮었다.

3. 근본적 고려 사항

그런데 사실 쇼펜하우어가 위에서 말한 토론술을 아마도 마지못해 고찰했을 것이라는 점이 마땅히 언급되어야 할 것이다. 그가 직접 쓴 《논쟁에서 이기는 법》에 실린 토론술만 해도 정황에 맞춰 유용하게 쓰일 만한 것이지만, 쇼펜하우어는 토론술을 결국 상대방을 꺾으려는 악의적 의도로 사용하는 비열하고 부정직한 술책 정도로만 여겼던 것 같다. 실제로 그는 싫증을 내며 원고를 더 이상 인쇄소에 넘기지 않았기에 그 책이 생전에 출판되지 않았던 것이다.[10]

어쩌면 쇼펜하우어가 이와 비슷한 근본적 회의감을 이 책에 대해서도 품을지 모르겠다. 이른바 남을 질책하고 비방하는 것은 대개 못 배운 사람에게나 어울리는 저속하고 음흉한 수단이거니와, 사실 그는 본인의 철학적 지성이 고결한 귀족 수준에서 천박한 수준으로 떨어지는 것을 무척 꺼렸기 때문이다. 그가 이런 거부감을 갖게 된 까닭은 모욕의 본질을 다음과 같이 타당하게 규정하는 것만 봐도 분명히 알 수 있다. "남을 중상하는 것, 즉 뚜렷한 이유 없이 막무가내로 내뱉는 욕설은 개괄적 명예 훼손이다. 이것은 "욕설은 짧게 축약된 명예 훼손이다."라는 그리스 속담에 잘 표현되어 있다. (…) 사실 욕을 한다는 것 자체가 벌써 그가 상대방에게 맞대어 내놓을 만한 구체적이고 일리 있는 논거가 없다는 사실을 드러내는 것이다. 만일 뭐라도 손에 쥐고 있다면 자기 논리의 전제로 내놓을 수 있을 테고 상대방이 거기에서 어떤 결론을 끌어내든 담담하게 대응할 수 있을 것이기 때문이다. 그러는 대신에 그는 턱없이 결론만 들이대는 바람에 자신의 결론을 뒷받침하는 구체적인 논거를 제시해야 할 궁색한 입장에 놓이게 된다. 그런데도 그는 (어리석게도) 자신의 모욕적 언행이 논쟁을 짧게 끝내기에 좋고 상대방에게도 잘 먹힐 것이라고 단정하다시피 한다."[11]

앞서 언급했듯이 남을 모욕하여 상황이 격화되면 심각한 결과로 이어질 우려가 있다. 쇼펜하우어는 이런 상황을 조장하지 말라고 간곡히 충고하는데, 그 이유는 "명예 훼손은 종교 재판과 비슷해서 어떤 논점이 처음에 불거진 곳으로 계속 되돌아가기"[12] 때문이다.

그런데 역설적이게도 쇼펜하우어는 매우 흡족해하면서 감정이 격화된 사례를 묘사하기도 한다. "만일 (모욕을 주는 쪽이) 거칠게 굴었다면, 상대방은 그보다 훨씬 더 거칠어진다. 그래서 욕설을 퍼붓는 것만으로 상황이 정리되지 않으면, 이번에는 그가 상대방을 구타하기 시작한다. 이 또한 명예를 구하는 극단적 수단이다. 그래서 그는 상대방의 따귀를 때리다가 막대기로 후려치고 나중에는 사정없이 채찍질을 하게 된다. 그런데 채찍질을 당할 때는 침을 탁 뱉어 응수하는 것이 특효라고 권하는 사람들도 있다. 하지만 이런 식으로 아무리 힘을 겨뤄도 승부가 안 나면, 바야흐로 서로 피 터지게 싸움질할 일만 남는다."[13]

물론 이러한 극단적 대결은 거세게 비난받지만 쇼펜하우어는 확신한다. "거친 언행은 근본적으로 동물적 본성 앞에 무릎 꿇는다는 뜻이다. 왜냐하면 그것은 지성을 겨루고 도덕률을 따지는 논쟁에서 이미 결판난 것에 대해 허튼 평계를 대며 아무 소용 없다고 뻗대다가 마침내 몸싸움으로 치닫도록 몰아가기 때문이다."[14] 싸움이 이런 수준으로 떨어진다는 것은 결국 힘센 사람이 옳다는 식으로 상황이 엉뚱하게 바뀐다는 뜻이다.

4. 비방과 모욕술의 대가

이런 이유 때문에라도 쇼펜하우어는 이런 종류의 책을 직접 저술하겠다는 생각을 아예 접어 두지 않았나 싶다. 다만 그에게는 모욕하는 기술을 주제로 삼아 글을 쓸 만한 계기가 무척 많았던 것 같다. 실제로 그는 〈자연에서의 의지에 대하여Über den Willen in der Natur〉라는 논문을 발표한 다음부터 거리낌 없이 악의 서린 표현을 쓰면서 비판의 강도를 점점 더 높여 갔다. 냉소적인 독설과 조롱을 즐기다시피 하며 욕설과 비방을 자연스레 덧붙였다. 또한 상상 가능한 모든 사람에게 모욕을 주며 명예 훼손을 시도했고, 끝내는 뭐든 닥치는 대로 완강히 반대하고 저주를 퍼붓기까지 했다. 따라서 그를 보편적 모욕술의 대가라고 불러도 아무런 손색이 없을 것 같다.

한편, 쇼펜하우어가 드러낸 '정언적 파렴치성kathegorische Impertinenz'의 이면에 숨은 개인사적 배후를 파헤치기 위한 연구도 폭넓게 이루어졌다. 그가 다혈질이었고 성마른 울화증에 시달린 데다가 염세적이고 인간을 혐오하는 존재였다는 것은 이미 잘 알려져 있다.[15] 그의 이런 기질 때문에 가족들 간에 진통을 겪었고 불쾌한 사건들도 계속 이어졌다. 또한 주로 이 때문에 모친 요하나와도 사이가 멀어지는 곤혹스러운 상황이 벌어졌는데, 가족 간에 오간 편지를 보면 이런 관계가 적나라하게 드러난다. 아들에게 보낸 편지에서 요하나는 단도직입적으로 이렇게 말한다. "비평을 할 때 너는 대체로 좀 더 신중해야 할 것 같아. 이것이 바로 주변 사람들이 너에게 첫째로 권하는 가르침이야. 이건 정말 따끔한 거다. 하지만 만일 네가 변하지 않으면, 이보다 더 혹독한 말들이 잇따를 거야. 어쩌면 너는 나중에 무척 불행해질지도 모르겠구나. (…) 너의 좋은 면모도 네가 너무 잘난 척하는 바람에 표시도 안 나고 아무짝에도 쓸모없이 되었어. 그건 오직 네가 뭐든지 남보다 더 많이 알아야 직성이 풀리고, 본인에게서가 아니라 항상 다른 데서 잘못을 찾고, 또 모든 걸 자기 방식대로 뜯어고치고 좌지우지하려는 혈기를 다스리지 못하는 바람에 그런 거야. (…) 만일 너의 혈기가 지금보다 줄어든다면 좀 초라해 보이긴 하겠지. 그러면 너는 또다시 울화통을 터뜨리겠지. (…) 쓸데없이 너는 사람들이 등 돌리게 상황을 막판으로 몰아가는구나."[16] 그리고 요하나는 아들과 결별하기 전에 보낸 마지막 편지에서, "어느새 남을 욕하는 습관에 푹 젖어 들었구나. (…) 너와 수준이 같지 않다는 이유로 다른 사람들을 지나치게 혹평하고 멸시하는 것 같아."[17] 그러고는 결별을 선언하는 씁쓸한 말이 이어진다. "난 이제 너무 지쳤어. 너의 행실을 더 이상 참아 내지 못하겠어. (…) 너는 내게서 멀어졌어. 너의 불신, 나의 삶과 친구의 선택을 따지고 질책하고, 나를 얕잡아 보는 행실, 여성에 대한 경멸, 내가 기쁨을 느끼는 것에 대한 심한 반감, 너의 욕심, 내 앞에서 거침없이 부려 대는 변덕, 그 밖에도 내가 너를 정말 고약하다고 느끼게 하는 많은 것들, 바로 이런 게 쌓여서 이제 우리는 서로 헤어지게 된 거야."[18]

그런데 쇼펜하우어의 인간 혐오적이고 신랄하고 염세적이며 조급한 성격 때문에 침해를 당한 것은 단지 가족의 삶과 직업적 교류에 그치지 않았다. 주변 사람들과 동시대인들과의 관계도 갈수록 더 나빠졌다. 이것을 증명하는 수많은 일화성 사건들 덕분에 그의 전기는 우스꽝스럽고 유별난 이야깃거리로 넘친다.[19] 이는 고타 고등학교 시절부터 시작한다. 이 똑똑한 학생은 크리스티안 페르디난트 슐체 교수를 조롱하는 시를 지었다가 그의 미움을 사서 결국 학교에서 쫓겨났다.[20] 재능 있는 이 신진 사상가는 대학에서도 많은 교수들의 강의를 성의 없이 억지로 들었다. 특히 피히테를 싫어해서 그의 대표적 철학 용어인 **지식학** Wissenschaftslehre을 **지식 결여**Wissenschaftsleere라고 비아냥대며 조롱하기도 했다. 그의 날카로운 말투는 무뎌질 줄 몰랐는데, 심지어 그는 당대를 섭렵한 철학자 헤겔과 교수 자격 취득 과정에서 노골적으로 실력을 겨루고자 했다. 그러나 (헤겔과 같은 시간에 강의를 개설하는) 이 거친 반대 입장이 빌미가 되어 결국 대학 강단을 떠나게 되었다. 물론 이것은 부당했지만 그렇게 된 데는 본인의 책임이 더 컸다. 대학에서 제명당한 이후에 그는 더 심한 울분에 휩싸였고, 그때부터 강단에 선 철학자들에 대해서라면 누구든 또 어떤 분야를 막론하고 심하게 반기를 들었다. 예컨대 〈대학 철학에 대하여Über die Universitätsphilosophie〉라는 논문에서는 강단의 철학자들을 '사이비 철학자들'이라고 몰아붙였다.

쇼펜하우어가 모욕이라는 주제에 대해 개인적으로도 자세히 다룰 수밖에 없게 된 동기는 적지 않다. 그중에서 이웃이었던 카롤린 마르케란 재봉사가 그를 명예 훼손죄로 고발해 벌어진 소송은 소개할 만하다. 한번은 그녀가 그의 방문 앞에서 친구들과 수다를 떨고 있었는데, 이것이 마침 깊은 사색에 잠겨 있던 쇼펜하우어의 비위를 건드렸다. 다소 악의적인 보도에 따르면, 그때 그는 연인 카롤리네 메돈의 은밀한 방문에 한창 몰두해 있었다고 한다. 아마도 쇼펜하우어는 그 이웃에게 손찌검을 했고 47세였던 그녀는 계단 아래로 떨어져 부상을 입었다. 재판 소송은 5년 이상 길게 끌었고 마침내 쇼펜하우어에게는 '폭행에 따른 명예 훼손죄'로 그녀에게 평생 손해 배상을 해야 한다는 판결이 내려졌다.

이러니 그가 법적 관점에서도 모욕과 명예 훼손 문제에 관심을 가졌고 전문 서적도 탐독했던 것은 사실 놀라울 게 없다. 마르크바르트 프레허(1565-1614)의 〈명예를 얻고 유지하고 상실하는 법, 그리고 영예와 치욕에 대한 논문Tractatus de existimatione adquirenda, conservanda et amittenda, sub quo et de gloria, et de infamia〉(바젤, 1591), 또는 아돌프 디트리히 베버의 3부작 《명예 훼손과 비방문에 대하여Über Injurien und Schmähschriften》(슈베린-비스마어, 1798-1800, 1811년과 1829년에 재판)를 읽었고, 후자는 자신의 〈명예에 대한 논문 개요〉에서 인용하였다.[21]

점점 나이가 들어 가면서 쇼펜하우어는 세상에서 뭔가 잘못됐다 싶으면 뭐든 더 편협하고 가차없이 반응했다. 그는 말을 가려 쓸 줄 몰랐고 야비하든 풍자적이든 아랑곳하지 않고 비방과 모욕을 일삼게 되었다. 이건 정말 그가 최후의 수단으로 들이댄 확실한 무기였는데, 특히 헤겔과 당대의 사상가들을 향한 격분은 세월이 가도 사그라들 줄 몰랐다. 결국 그는 대화나 객관적 논증은 아예 무시하고 수년간 갈고닦아 온 폭발탄인 조롱, 훈계, 욕설, 모욕, 저주를 쏟아붓고 유죄 판결을 내렸으며 타고난 다혈질을 과시하며 온갖 표현의 무기를 휘둘러 댔다. '사이비 철학자', '협잡꾼', '멍청이', '허풍선이' 같은 말이 그가 경쟁자들에게 붙인 말 중에서 그나마 상대적으로 가장 완곡한 표현이다. 우리는 이런 표현을 특히 그의 말년에 쓰인 《윤리의 두 가지 근본 문제Die beiden Grundprobleme der Ethik》(1841), 《의지와 표상으로서의 세계Welt als Wille und Vorstellung》 2쇄의 서문(1844), 박사 논문 〈충족 이유율의 네 겹의 뿌리에 관하여Über die vierfache Wurzel des Satzes vom zureichenden Grunde〉의 증보 2쇄(1847), 행복론과 인생론을 다룬 《여록과 보유Parerga und Paralipomena》(1851)에 실린 고찰 〈대학 철학에 대하여〉, 논문 〈자연에서의 의지에 대하여〉의 신판(1854), 그리고 마지막으로 《윤리의 두 가지 근본 문제》(1860) 2쇄의 서문에서 적잖이 찾아 볼 수 있다.

특히 그는 세상을 떠나기(1860) 불과 몇 개월 전에 쓴 글에서 탁월한

역량을 발휘하는데, 여기에는 그가 그동안 얼마나 빈틈없이 비방술과 모욕술을 터득했는지가 최종적으로 정말 잘 드러나 있다. 요컨대, 그는 덴마크 왕립 학술 협회를 정면으로 공격하고 나선다. 이 협회는 그의 저술에 표창도 하지 않았고 특히 그의 철천지 원수 헤겔을 **최고의 철학자** summus philosophus로 추대했던 것이다. 그 경연 대회에 제출한 쇼펜하우어의 논문 〈도덕의 기초에 대하여Über die Grundlage der Moral〉에 실린 헤겔과 독일 관념론자들에 반대하는 장광설은 어찌나 날카로웠던지, 덴마크 학술 협회가 그의 논문을 탈락시킨 공식적 근거로 그 인격의 조악함을 들먹이며 강력히 비난했을 정도였다. 즉 그의 논문은 경연 대회의 주제로 제시된 문제를 다루지 않았을 뿐만 아니라, "오늘날의 많은 대표적 철학자들을 매우 부적절하고 무례하게 언급하고 있다. 이런 언급은 마땅히 심한 거부감을 불러일으킨다."[22] 이 비평에 맞서 쇼펜하우어는 오만한 태도로 거침없이 반격에 나서는데, 이것은 그가 직접 쓴 다음의 두 문장으로 요약할 수 있겠다.

1. "나는 덴마크 왕립 학술 협회가 질문하지 않았다고 주장하는 것을 실제로는 질문했다는 사실, 또한 그 협회가 질문했다고 주장하는 것을 실제로는 질문하지 **않았다**는 사실, 그러니까 그 협회가 하다못해 한 번이라도 제대로 질문할 능력조차 없다는 사실을 반론의 여지 없이 증명했다.[23]

2. "만일 학술 협회의 목적이 진실을 최대한 억누르고 재능 있는 지성인의 숨통을 막고 허풍선이와 협잡꾼의 평판을 과감히 지켜 내는 것이라면, 이번에 덴마크 학술 협회는 그 목적을 성실히 달성한 것 같다."[24]

그런데 다른 한편으로 쇼펜하우어는 자기가 쓴 속된 표현이 빌미가 되어 모욕죄로 형사 소송을 치를지도 모르겠다는 걱정을 떨칠 수 없었다. 그래서 그는 1860년 7월 26일에 마인츠 지방법원 판사였던 친구 요한 아우구스트 베커에게 《윤리학Ethik》 2쇄본의 서론을 감수해 달라고 부탁했다. 혹시 본인의 글에서 덴마크 학술 협회를 겨냥한 "얻어맞아도 마땅한 따귀와 손톱으로 코끝 튕겨 맞기"란 표현이 법적으로 저촉되는 게 아닌지 확인하려 했다.[25] 베커는 **법률상** 전혀 염려할 것 없다고 철학자를 안심시켰고, '소금과 후추를 듬뿍 뿌린 서론'이 붙여진 《윤리학》은 마침내 쇼펜하우어가 사망한 다음 날에 출판되었다. 마치 그의 마지막 말이 바로 한 마디 욕설이었다는 듯이 말이다.

5. 이 책에 소개된 발췌문들

쇼펜하우어는 발표되었거나 미발표된 글에서 정말 다양한 인물들을 향해 비방과 모욕을 가했다. 그래서 이런 내용을 담은 글들을 가려내서 선집을 만들 생각이라면 마치 세상을 얻은 듯한 느낌이 들 만큼 유용한 자료들로 넘쳐 난다. 그의 비난 대상으로는 동료, 철학자, 작가, 문학 비평가, 평론가, 여성, 성교, 사랑, 결혼, 사회 기구, 유행, 민족성, 동물 학대, 성별, 인생, 역사 등등 한마디로 이 세상 전체가 모두 포함된다.

여기에 선별되어 소개된 문장들은 마치 다채로운 대상을 향한 기발한 발상과 표현으로 빼곡이 들어찬 무기고를 연상시킨다. 그 내용을 범주별로 살펴보면 다음과 같다.

1. 사람에 대한 근본적 의미에서의 모욕. 특히 독일 관념론자나 당대의 철학자들을 겨냥한 모욕.

2. 비방과 욕설. 쇼펜하우어가 옳지 않고 비난받아 마땅하다고 여긴 온갖 대상과 현상에 대한 격심한 비평. '철학 교수들의 강단 철학'을 비롯하여 유산법, 불필요한 소음, 동물의 생체 해부를 아우른다.

3. 판별, 진술, 평가. 쇼펜하우어는 이것을 확실한 진실이라고 이해하며 제시하지만, 우리에게는 그저 상대방을 저주하고 냉대하는 표현으로 인식된다. 여성들에 대한 그의 발언이 거의 다 여기에 해당한다.

4. 쇼펜하우어 철학의 본질에 속하는 문장들. 그런데 우리 관점에서 볼 때는 험담이나 훈계에 불과하다는 인상을 떨칠 수 없는 말들. 예를 들어, 쇼펜하우어가 주요 작품 《의지와 표상으로서의 세계》(1818)의 서두에서 세계는 그저 "나의 표상"일 뿐이라고 간략히 주장했을 때, 그것이 건전한 정신의 소유자에게는 세상에 대한 조롱으로밖에 비치지 않는다면? 또한 삶은 고통과 권태 사이를 오락가락하는 것이라는 그의 유명한 논리는 혹시 존재라는 기적에 대한 욕설이 아닐까?

그가 쓴 껄끄러운 표현들은 독자에게 다양한 반응을 불러일으킨다. 수염, 소음, 채찍질에 대한 글을 읽을 때는 유쾌한 기분이 들고, 동물 학대와 동물의 생체 해부가 다뤄진 경우에는 진지하게 반응하게 된다.

어쨌든 이것 하나는 분명하다. 꼼꼼한 선별 과정을 거쳐 편집된 이 책의 항목들은 독자에게 구체적 사례를 통해 매우 인상 깊게 각인될 것이며, 또한 생생하게 전개되는 이 사례는 언젠가 실제로 적절히 활용할 수 있는 기회도 생길 것이다. 따라서 쇼펜하우어는 마치 고대의 철학파가 도덕을 가르친 방식과 똑같이 우리에게 남을 모욕하는 법을 전수하고 있다고도 할 수 있다. 한마디로, 그는 추상적 방법modus docens이 아니라 구체적 방법modus utens을 소개한다.

한편, 이 위대한 철학자가 우리에게 이런 거칠고 속된 가르침을 자진해서 전하는 게 아니고, 실제로는 우리(편집자, 독자)가 앞서서 주로 악의적 표현으로 구성된 편람을 엮어 내고 읽음으로써 결국 그를 수준 이하로 깎아내리는 것은 아닐까 하는 의구심이 생길 수도 있다. 하지만 이런 생각이 든다고 해서 그리 불안해할 것까지는 없겠다. 일찍이 아리스토텔레스도 적절한 분노를 일종의 덕德으로 여겼다. 즉 분노 그 자체는 지나친 격분과 냉담한 무관심 사이의 적당한 중간 상태, 즉 중용이고, 이른바 견디기 힘든 모욕이 빚어낸 결과물이기도 하다(《니코마코스 윤리학Ethika Nikomacheia》 IV, 1125a 27-1126b 10). 따라서 적절한 욕설이나 모욕보다 분노를 더 제대로 표현하는 수단이 도대체 뭐가 있겠나?

심지어 아르헨티나의 시인이자 소설가인 호르헤 루이스 보르헤스 같은 섬세한 지식인도 《영원성의 역사》에 실린 짧은 글에서 남을 모욕하는 법이 가진 장점을 설명하면서, 누군가 언젠가는 이 주제를 중점적으로 다루어 주기를 희망한다.

이 작은 쇼펜하우어 책으로 보르헤스의 바람이 이루어졌으면 좋겠다.

회의주의자

쇼펜하우어,

모욕의

기술

강단 철학과 철학 학회Katheder-und Kongreß-Philosophie

대학교수직은 오직 이미 정립되었고 실제로 존재하는 학문들에만 부여되어야 할 것이다. 관행적으로 보아 교수들은 이런 기존 학문들을 빠듯하나마 전수할 수 있을 정도의 학식만 갖추면 되는데, 이런 학식은 대충전달되기만 하면 충분한 수준이라서 대체로 대학 게시판에 붙은 **알림문**에서 얻을 수 있을 만한 내용에 그친다. 그나마 다행스러운 것은 이런 학문의 폭을 얼마나 더 확장하고 수정하고 완성하는가는 여전히 능력 있는 학자들의 자유재량에 맡겨져 있다는 점이다. 그러나 아직 존재하지도 않고 목표 설정도 제대로 안 된 데다가 여태 그 방향조차 확실히 잡히지 않아 갑론을박 중인 학문을 교수들에게 강의하라고 허용하는 것은 정말 어처구니없다. 여기서 빚어지는 당연한 결과로, 교수들은 아직 성립되지도 않은 학문을 새롭게 창출하는 것이 자기 본분이라고 한결같이 믿게된다. 그러면서도 그런 본분은 오로지 타고나는 것이지 국립 교육 부처의 소관이 아니라는 생각은 꿈에도 못 한다. 그래서 그들은 일이 쉽게 풀릴 만한 방도를 모색한 끝에 급히 서둘러 기형아를 하나 낳아 놓고는 이 아이가 오래전부터 꿈꾸었던 예쁜 딸 소피아라고 내세우는데, 세례식 할 때 대부로 섰던 친절한 동료의 눈을 속이지 못할 것은 정말 뻔한 일이다. 그런데도 그들은 본인이 어쨌거나 철학으로 생계를 꾸려 간다는 이유를 들먹이며 스스로를 **철학자**라고 내세울 정도로 철면피하다. 또한 철학적 논제를 놓고 거창한 말과 결정을 내릴 권리가 당연히 본인들의 몫이라고 생각한다. 그래서 마침내 **철학 학회**(철학자들은 쌍으로 활동하는 경우가 드물고 여럿이 함께 작업할 일도 거의 없기 때문에 이건 **자기모순**이다)를 결성하고는 철학의 번영과 복지에 대해 조언하기 위해 거기로 떼 지어 몰려든다!

강단 철학자의 형이상학 Die Metaphysik der Kathederphilosophen

강단 철학자들에게 형이상학의 본질적이고 근본적인 주제는 세계와 신의 관계이기에 그들이 사용하는 교재도 이 주제를 다루는 폭넓은 해설로 가득하다. 그들은 이 문제를 해명하는 것이 자신들에게 주어진 최상의 소명이자 돈벌이라고 믿는다. 게다가 절대자나 신에 대해 정말 거만하게 아는 척하며 들먹이는데, 그들이 매우 심각하게 그럴듯한 몸짓으로 젠체하는 꼴을 보는 게 재밌게 느껴지기조차 한다. 이건 마치 어린애들이 놀이에 심각하게 열중해 있는 모습을 엿보는 듯하다. 이들은 학회가 열릴 때마다 신에 대해 장황하게 보고하는 새로운 형이상학을 논하면서, 본질적으로 신이 어떤 상태인지, 신이 도대체 어떻게 이 세상을 만들거나 창조했고, 또는 어떻게 달리 창출하게 되었는지를 다룬다. 그 광경을 보노라면 마치 그들이 매 학기마다 신에 대한 최신 보도를 입수하는 듯한 느낌마저 든다.

강단 학자 Kathedergelehrte

끊임없이 강단에 서고 글을 쓰는 학자들에게는 대개 철저한 연구를 위한 시간이 거의 남아돌지 않는다는 점을 좀 심각하게 고려해야 한다. **가르치면서 배운다**docendo disco는 말이 늘 들어맞는 건 아니어서, 가끔 **가르치기만 해서는 아무것도 못 배운다**semper docendo, nihil disco고 바꿔 말하고 싶다. 심지어 여기에는 이유가 없지 않은데, 디드로*는 라모의 조카가 하는 답변을 통해 이렇게 일러 준다. "그런데 당신은 선생들이 자기가 가르치는 학문을 이해하고 있을 거라고 믿는 거요? 어림없소, 이 양반아, 어림 반 푼어치도 없소. 선생들에게 교육에 쓸 만한 지식이 충분히 있으면, 그리 허튼 말로 가르치지는 않을 거요." "도대체 왜 그런가요?" "아마 그걸 배우느라 바빠 자기 인생을 다 허비해 버렸기 때문이라오."

개인 Das Individuum

일반적인 관점에서 (⋯) 자연은 이렇게 말한다. "개인은 무無이고 무에도 못 미친다. 나는 매일 수백만의 개인을 망쳐 도박꾼과 무위도식자로 전락하도록 몰아가고, 그들의 운명을 내 자식 중에서도 제일 까다롭고 악의적인 운명에 맡긴다. 다시 말해, 제멋대로 온갖 수단을 쓰며 대상을 휘몰아 대는 우연에 그들을 떠맡긴다. 또한 나는 한없이 솟아나는 힘으로 지칠 줄 모르고 매일 수백 명의 개인을 만들어 낸다. 마치 태양 빛을 벽면에 한없이 투사해도 사그라들지 않는 거울의 반사력같이 나의 힘은 무

---

* 드니 디드로Denis Diderot (1713-1784)-프랑스의 백과전서파를 대표하는 계몽주의 철학자이자 작가. 《라모의 조카》는 어느 철학자(디드로 자신)가 냉소적인 떠돌이 음악가 장 프랑수아 라모와 나눈 대화를 담은 작품이다.

진장하다. 개인은 아무것도 아니다. 무이다."

거짓말 Lügen

우리 몸이 옷으로 감싸여 있듯이 우리 정신은 **거짓말**로 감싸여 있다. 우리의 말과 행위, 우리의 본질은 허위투성이이다. 마치 살짝 벌어진 옷의 틈새로 살펴봐야 몸매를 대충 가늠할 수 있듯, 거짓의 덮개를 뚫고 살펴봐야 우리의 진짜 생각을 가끔 짐작할 수 있다.

결혼 Die Ehe

여자는 자기가 원하고 필요한 것을 모두 남자에게 받기를 원하고 요구한다. 이에 비해 남자가 처음부터 여자에게 요구하는 것은 오직 하루빨리 한 몸이 되는 것뿐이다. 따라서 남자가 매사를 돌보고, 특히 둘 사이에서 태어나는 아이를 뒷바라지하는 대가로 여자에게 잠자리를 같이할 것을 당연히 요구할 수 있는 장치가 마련되어야 한다. 또한 이 장치가 있어야만 모든 여성의 복지도 보장된다.

*

결혼의 목적은 기지 넘치는 대화가 아니라 자녀 교육에 있다. 결혼은 머리가 아니라 마음의 결합이다. 만일 여자가 남자의 정신을 사랑한다고 주장한다면, 그건 허황되고 가소로운 핑계일 뿐이다. 그게 아니라면, 타락한 존재가 지나치게 긴장한 탓일 수도 있다.

*

오로지 '사랑으로 맺어진' 결혼이라고 해서 곧바로 후회하게 되는 건 아니다. 결혼이란 감은 눈을 동여매고 뱀이 우글거리는 주머니에 손을 집어넣고는 뱀장어가 한 마리 잡히기를 바라는 것과 같다.

*

우리가 살고 있는 일부일처제 사회에서 결혼이란, 권리는 반으로 줄고 의무는 두 배로 늘어난다는 뜻이다.

*

결혼한다는 것은 남녀가 서로 혐오하는 사이가 되려고 궁리하는 것이다.

*

모두 알다시피 행복한 결혼은 드물다.

*

유럽의 혼인법은 여자와 남자를 대등한 존재로 보는데, 이는 잘못된 전제에서 출발하는 것이다.

결혼 상대인 여자_가난뱅이보다 부자 Die zu heiratende Frau - lieber reich als arm
가난한 집안 출신의 젊은 여자들은 지참금을 많이 가져오는 여자보다 훨씬 눈이 높고 낭비벽이 심한 경우가 많다. 부유한 여자들은 재산만 많이 가져오는 게 아니라 가난한 여자들에 비해 재산을 지키려는 열정도 많은데, 이는 타고난 보존 욕구이다. (…) 어쨌든 나는 가난한 여자와 결혼하는 남자에게 이렇게 충고한다. 그 여자에게 재산을 남기지 말고 연금만 상속하고, 특히 자녀들에게 돌아가는 재산이 여자 수중에 떨어지지 않게 조치하라.

사랑으로 맺어진 **결혼** Ehe aus Liebe

사랑으로 맺어진 결혼은 개인이 아니라 인간의 종족적 이해관계에 비추어 성립되어야 한다. 결혼 당사자들은 자신들의 행복을 좇는 것이라고 착각하지만, 결혼의 유일하고 진정한 목적은 개체가 개체를 생산하는 것이고 그들에게도 생소한 이 목적은 오직 결혼을 해야 성사될 수 있기에 당사자들은 이를 함께 추구하면서 될수록 서로 원만하게 지내려 노력해야 한다. 그런데 정열적 사랑의 본질인 본능적 광기에 빠져 합쳐진 한 쌍은 서로 성격이 판이할 때가 많다. 그래서 죽도록 강렬했던 눈먼 상태가 마침내 먼지처럼 사라지는 날이 오고 사랑으로 맺어진 결혼은 대개 불행하게 막을 내린다. 다만 결혼을 통해 맺어진 지금 세대가 그런 대가를 치르기 때문에 다음 세대가 존속할 것이다. "사랑에 빠져 결혼한 사람은 고통스럽게 살게 된다."라는 스페인 속담도 있다.

*

결혼 관계를 맺을 때 개인이 등한시되거나 인간의 종족적 이해관계가 소홀히 다뤄지는 게 당연한 듯 여겨지는 것 같은데, 대부분의 사람들은 이 입장에 동조한다. 그 까닭은 관습과 정열적 사랑이 서로 부합하는 경우가 정말 보기 드문 행운인 데다 이런 예외가 거의 없기 때문이다.

계시 Offenbarung

인간이 겪는 가차없고 한스러운 수많은 운명 중에서 우리가 어디서 왔다가 어디로 가는지, 또 왜 사는지 이유도 모르는 채 그저 존재한다는 사실이 가장 하찮은 것이라고는 절대 말할 수 없다. 인간에 대한 이런 불쾌한 기분에 푹 빠져든 사람은 계시라는 이름을 내걸고 우리에게 알려 줄 특별 사항이 있다고 꾸며대는 자에 대해 웬만큼 증오를 느끼지 않을 수 없다. – 그렇기에 나는 계시를 전하는 거짓 선지자들에게 지금부터라도 계시를 함부로 떠벌리지 말라고 충고하고 싶다. 그러지 않으면 참된 계시가 그들 앞에 갑자기 발현될 수도 있다.

공허하고 관념적인 은어 Jargon der Gedankenleere

자기 생각이 실제로는 얼마나 부족한지 감추려고 길게 늘어진 합성어나 까다로운 미사여구, 뜻밖의 복합문 또는 전례 없이 새로운 표현 같은 인상적인 수법을 쓰는 사람이 많다. 그런데 이것을 모두 합치면 되도록 어렵고 학구적인 분위기를 풍기는 은어가 하나 생겨난다. 하지만 그것이 전달하는 것은 정말 아무것도 없다. 어떤 생각이 마음에 쉽게 다가오지 않고 그렇다고 인식이 높아지는 것 같지도 않아서 하릴없이 한숨만 짓게 된다. 이른바 '물레방아가 삐꺼덕거리는 소리는 들리지만 밀가루는 보이지 않는' 상황이다. 그도 아니면, 과장된 호언장담에 실린 하찮고 악의적이며 피상적이고 생경한 견해만 뚜렷이 보일 뿐이다.

과부 화형 Witwenverbrennung

남편의 시신과 함께 과부를 화형시키는 것은 물론 분노를 일으킨다. 그러나 자식을 위해 일한다고 믿으며 부지런하게 평생 끌어모은 재산을 과부가 애인과 함께 탕진하는 꼴을 보는 것도 역시 울화가 치민다.

친애하는 교수 Der Herr Professor

철학 분야에서 지난 반세기 동안 벌어진 모든 추잡한 사건 사고는 오직 대학이라는 무대에서만, 말하자면 친애하는 교수의 말이라면 무조건 믿고 따르는 학생들 앞에서만 발생하였다.

교수직 Professuren

대체로 교수직으로 받아먹는 사료는 축사에서 되새김질하기에 적합하다. 이와 달리 장외 환경에서 어렵게 밥벌이를 하는 학자는 차라리 재야에 머무는 게 낫다.

교육 시설 Bildungsanstalten

다채로운 교육 및 학습 시설을 둘러보고, 또 학생들과 교육자들이 크게 밀려드는 것을 본다면, 인간이 식견이나 진리를 매우 중시한다고 섣불리 믿을 수도 있다. 그러나 가상과 실제는 다르다. 이른바 가르치는 자는 돈이나 벌려 하고 지혜를 추구하기는커녕 겉치레를 부리고 주변의 신용을 얻는 데나 정신이 팔려 있다. 배우는 자들은 지식이나 식견을 넓히려 하기보다는 허튼 논쟁술이나 익히고 체면치레나 하려 든다.

윤리적 국가 Der ethische Staat

국가의 유일한 목적은 개인을 다른 개인에게서 보호하고 전체 국민을 외부의 적으로부터 보호하는 것이다. 그런데 부정부패에 물든 이 시대에 독일의 몇몇 사이비 철학자들은 국가를 도덕성 교육 및 교화 기관으로 변질시키려 한다. 그 배후에는 예수회가 중국에 전파되면서 추구했던 것과 똑같은 목표가 깔려 있는데, 예수회는 중국인의 개별적 자유와 발전을 차단하면서 이들을 중국이라는 국가 및 종교 기계의 단순한 부품으로 전락시킬 의도를 품고 있었다. 이는 예전의 아우토다페*나 종교 전쟁으로 되돌아가는 길이다. 한편, 프리드리히 대제가 "내 나라에서는 누구나 자기 나름대로 살 수 있어야 한다."라고 한 말은 이런 종교화의 길로는 결단코 접어들지 않겠다는 의지를 표방한 것이다. 이와 반대로, 우리는 여전히 도처에서 (북아메리카는 표면적으로만 예외이지만) 국가를 국민의 형이상학적 욕구를 충족하기 위한 배려쯤으로 낮춰 보는 경우를 흔히 볼 수 있다.

국가의 기원 Der Staat - und sein Ursprung

국가가 필요한 궁극적인 이유는 익히 알려진 대로 인간의 **불의**不義 때문이다. 이게 아니라면 어떤 국가도 고안되지 않았을 것이다. 불의가 없다면 자기 권리를 침해받을까 봐 우려할 일도 없을 것이라서 인간에게는 야생 동물의 공격을 물리치거나 자연의 위력을 극복하기 위한 공동체, 이를테면 국가와 유사한 형태의 단순한 공동체만 있어도 충분했을 것이다. 이 관점에서 보아 우리는 사이비 철학자들의 오만한 편협성과 피상

---

* 아우토다페Auto da fé - 종교 재판 선고문 발표. 중세 스페인의 종교 재판의 절차로 미사, 설교, 행렬을 마친 다음 아우토다페가 낭독되면 이단자는 일반 법정으로 옮겨져 화형이 집행되었다.

성을 간파할 수 있는데, 그들은 화려한 말솜씨로 국가를 최상의 목적이자 인간 존재의 전성기로 묘사함으로써 속물 근성의 극치를 보인다.

굴과 샴페인 Austern und Champagner

정신적 욕구가 결핍된 사람, 즉 속물은 (…) 정신적 쾌락을 모르고 산다. (…) 지식과 인식을 향한 욕구가 암만 있어도 그 자체만으로는 자기 존재에 활력소가 되지 못하고, 이와 매우 비슷한 속성을 띠는 미적 쾌락을 향한 욕구 역시 다를 바 없다. 더구나 유행 또는 권세 같은 쾌락마저도 그에게 부담스럽게 느껴질라치면, 그는 이 욕구를 좇는 게 마치 강제노동이라도 되는 듯 손사래를 칠 것이다. 결국 그가 진짜 쾌락이라고 느낄 수 있는 것이라고는 오직 감각적 쾌락뿐이기에 이제 그는 여기에 빠져들며 자기 욕구를 채운다. 따라서 그의 존재 의미를 가장 만족시키는 것은 오로지 굴과 샴페인을 먹고 마시는 것이다.

그리스어 및 라틴어 문법 Die griechische und lateinische Grammatik

아이들이 6세부터 12세까지 딱딱한 라틴어와 그리스어 문법을 배우는 것은 나중에 학자가 되어 대부분 융통성 없고 둔감하게 되는 토대를 닦는 일이라고 생각한다.

근대의 사회적 괴물Gesellschaftliche Monstra der neueren Zeit

근대의 사회적 상태는 크게 두 가지 점에서 고대에 비해 더 불리하게 구분된다. 근대를 음침하고 몽롱한 분위기로 채색하고 자유로운 고대는 인생의 청춘처럼 유쾌하고 구김살 없는 상태로 비치게 하는 요소는 바로 기사적 명예 원칙과 성병이다. (…) 근대의 이 두 괴물이 19세기에는 마침내 끝장나면 좋으련만!

글쓰기Die Schrift

지팡이가 걷는 데 쓰이는 것처럼 펜은 생각하는 데 쓰인다. 그러나 가장 가벼운 발걸음은 지팡이 없이 걷는 것이고 완전한 생각은 펜 없이도 저절로 머리에 떠오른다. 사람은 늙어 가면서 비로소 기꺼이 지팡이도 짚고 펜도 집어 들게 된다.

기념물Monumente

아직 생존해 있는 인물을 위한 기념비를 세운다는 것은, 그의 관점에서 보아 후세를 못 믿겠다고 밝히는 선언이다.

기독교와 동물 다루는 법Das Christentum und sein Umgang mit Tieren

또 다른 (…) 절대로 부정할 수 없는 기독교의 근본 오류, 또한 언제라도 증명할 수 있는 근본 오류가 빚어낸 심각한 결과는, 인간은 원래부터 **동**

물 세계의 일원인데도 거기서 억지로 떼어 내었고 이제는 인간을 완전히 홀로 남겨 놓으려는 데서 비롯된다. 동물들을 마치 **물건** 취급하면서 말이다. (…) 그런데 앞서 말한 근본 오류는 무無로부터의 창조에서 빚어진 결과이다. 즉 〈창세기〉 1장과 9장에 등장하는 창조주는 동물 전체를 인간에게 넘겨서 동물 위에 제멋대로 **군림하게** 한다. 동물을 마치 물건 취급하고, 잘 다루라는 충고 한마디 없다. 하물며 개장수들도 강아지를 새 주인에게 넘길 때면 대개 잘 길들이라며 몇 마디 덧붙인다. 〈창세기〉 2장에서 창조주는 인간을 최초의 동물학자로 임명하고 동물에게 이름을 새로 붙이게 한다. 물론 이것은 인간에 대한 동물의 완전한 의존, 즉 권리 상실을 상징하는 것이다. – 오, 성스러운 강가*여! 우리 성별의 수호자여!

*

최고상 선정 대상이 될 만한 독일의 뮌헨 동물 보호 협회는 1852년 11월 27일에 《성경》에서 따온 '동물 보호를 촉구하는 규정'을 공표하고, 이를 선전하려고 최선을 다하며, 〈잠언〉 12장 10절, 〈집회서〉 7장 24절, 〈시편〉 147장 9절과 104장 14절, 〈욥기〉 39장 41절, 〈마태오 복음서〉 10장 29절에 적힌 구절들을 추천한다. 그러나 사람들이 해당 구절들을 펼쳐 보지 않으리라는 걸 이미 상정하고 있기에 이것 자체가 경건한 사기이다. 그중에서 그래도 좀 새겨들을 만한 것은 유명한 첫 번째 구절뿐이다. 기타 구절들에서는 동물을 언급하고 있긴 하지만 그 보호에 대해서는 한마디도 없다. 그런데 거기선 뭐라고 하나? "의인은 자기 동물을 불쌍히 여긴다." – "불쌍히 여기라!" – 무슨 표현이 이런가! 우리는 죄

---

* 강가Ganga - 힌두교의 젖줄인 성스러운 강, 순결과 정결을 상징한다.

인이나 공범자를 불쌍히 여기지 죄 없고 충실한 동물을 불쌍히 여기지 않는다. 그리고 동물에게 먹이를 주는 사람이 그 주인일 때가 많은데 빈약한 먹이에 대해서도 역시 침묵한다. "불쌍히 여기라!" 인간은 동물을 불쌍히 여길 게 아니라 공정하게 대해야 한다.

기사 Ritter

기사도는 조야하고 가식에 찬 언행으로 얼기설기 짜 맞춰져 있는 일종의 사교 유형으로, 여기에는 형식에 치우친 세세한 규범들이 단일 제도 속에 뭉뚱그려져 있다. 이 제도에서는 기사도 정신에 입각한 온갖 허무맹랑한 수작, 정말 형편없는 미신, 그리고 원숭이에게나 어울릴 법한 여성 숭배가 제각기 한몫을 한다. 그중에서 지나친 여성 숭배의 잔존물로 여전히 남아 있는 예절 바른 신사도 정신을 여성들은 으레 거만하게 퇴짜 놓고, 아시아 사람은 두루두루 조롱감으로 즐겨 왔는데, 그리스 사람 역시 이에 덩달아 맞장구치지 않을까 한다. 황금의 중세 시기에 기사도는 의무적인 영웅 행위, **사랑의 궁정**, 과장투성이의 트루바두르* 노래 등과 더불어 딱딱하게 규격화된 형태로 여성에 대한 봉사까지 도맡았다. 한 가지 상당히 주목할 만한 것은 그래도 좀 지적인 분위기가 깃든 트루바두르의 주무대가 주로 프랑스였다는 점이다. 반면, 물질적이고 우둔한 독일 기사는 음주를 즐기고 강도 짓을 일삼는 데 남다른 두각을 나타내서 뚜껑 달린 큰 술잔과 노획한 자물쇠 꾸러미가 그들의 최고 자랑거리

---

* 트루바두르troubadour - 12-13세기 무렵 프랑스 남부에서 활동한 음유 시인.

였다. 물론 화로 앞에서 목청을 높이는 얼빠진 기사의 사랑 타령 역시 빼놓을 수 없겠다.

기억력Das Gedächtnis

기억력은 고집 세고 변덕스러운 것으로 여자아이와 비슷하다. 평소에 수백 번도 넘게 말했던 것이 때로는 느닷없이 한 마디도 생각나지 않을 때가 있다. 그러다가 그 생각을 더 이상 하지 않으면 그제야 기억이 저절로 되살아난다.

낙관주의 Optimismus

인류는 언젠가 고통과 멸망의 길을 걷도록 예정되어 있다. 그렇기에 사람들은 마치 지금 국가와 역사를 통해 불의와 고난이 많이 척결되어 마침내 젖과 꿀에 흠뻑 젖은 삶을 즐기는 척할 수도 있겠고, 권태감을 없애려 공연히 티격태격하거나, 인구 폭발이 초래한 기근에 시달리다 못해 녹초가 다 된 척할 수도 있겠다.

낙관주의에 대한 반대 논거인 영어 Englisch als Argument gegen Optimisten

문법적 관점에서 보면 오래된 언어일수록 완벽하지만 긴 세월이 흘러 현대로 접어들수록 언어의 질이 점점 더 나빠진다는 사실은 익히 잘 알려져 있다. 고대의 표준 산스크리트어에서 시작해서 현대의 영어 속어에 이르기까지 그 사이에 생겨난 질적 변화는 엄청나다. 영어 속어는 마치 형형색색의 헝겊 조각들을 짜 맞춰 꿰맨 걸레로 만든 넝마 같은 생각들을 표현한다. 이렇게 서서히 진행되어 온 언어의 질적 타락은 맹랑하게 미소 짓는 낙관주의자들의 주요 이론을 논박하기에 적절한 논거를 제공하는데, 이들은 '진보를 향한 인류의 지속적 발전'을 위해서라면 종족과 가문의 껄끄러운 역사까지 감히 왜곡하려 한다.

남의 생각 Fremde Gedanken

오직 **자기 생각**만이 진실하고 살아 있다. 사람은 오로지 자기 생각만을 이해할 수 있기 때문이다. 글로 쓰인 남의 생각은 정말 형편없는 엉터리이다.

남자와 여자 Männer und Frauen

자연이 인간을 두 쪽으로 나누었을 때, 정확히 한가운데를 기준으로 가르지 않았다. 모든 양극 대립 중에서 부정적인 극과 긍정적인 극의 차이는 질적 차이인 동시에 양적 차이이기도 하다. 고대의 민족들과 동양인들도 여자를 이 기준으로 판단했기 때문에 우리보다 훨씬 더 적절하게 그에 합당한 지위를 가늠할 수 있었다. 그런데 예전에 프랑스에서 실행된 여자에 대한 남자의 정중한 예절과 어리석은 찬사는 멍청한 기독교·게르만적 행위의 절정이었다. 이런 행위는 여자를 매우 거만하고 분별없이 만들 뿐이어서 어쩌다 그런 여자들을 만나게 되면 인도 바라나시*의 성스러운 원숭이들이 금방 생각날 정도인데, 이 동물은 신성하고 불가침하다고 여겨지는 바람에 아무 데서나 함부로 날뛰어 댄다.

---

* 바라나시Varanasi - 붓다가 처음 설법한 녹야원이 있는 인도의 도시. 힌두교 제일의 성지로, 두르가 사원은 원숭이들이 나무에서 떼 지어 살아 유명하다.

낭만주의Romantik

낭만주의는 기독교의 산물이다. 열광적 종교성, 환상적 여성 찬사, 기사
도적 용맹성, 다시 말해서 신, 여성, 검劍, 이 세 가지가 낭만주의의 특징
이다.

노예 소유자와 노예 매매자 Sklavenhalter und Sklavenhändler

인간의 탈을 쓴 악마인 북아메리카 자유 공화국(노예 공화국이라 해야 옳다
만)의 노예 소유자와 노예 매매자는 대개 독실한 정통 영국 국교도들로
일요일에 노동하는 것을 큰 죄악이라 여긴다. 또한 이 믿음을 굳게 지키
고 빠짐없이 주일 미사에 참여하는 행위 등을 통하여 자신들의 천국 지
복을 기원한다.

뇌Das Gehirn

뇌는 우리 몸 전체의 기생충 또는 퇴직자이다.

ㄷ

다른 사람의 의견 Die Meinung anderer

우리가 타인의 의견에 두는 가치, 그리고 타인의 의견에 두는 우려와 관심은 너무 지나쳐서 대부분 이성적으로 판단할 수 있는 수준을 크게 벗어나 있기 때문에 이것은 병적인 기분 장애 증세인 보편적 조증躁症, 또는 더 정확히 말하자면 선천적 조증이라 볼 수 있다.

*

우리는 자신이 행하거나 허용하는 모든 것에 유난히 다른 사람의 의견을 많이 고려하는데, 자세히 살펴보면 우리가 느꼈던 모든 걱정거리와 불안감 중 거의 절반이 다른 사람의 의견에 관련하여 생겨났다는 것을 알 수 있다. 왜냐하면 그런 걱정과 불안감은 모두 병적으로 감응하고 자주 번민하는 우리의 자존심, 온갖 허영심과 자만심, 그리고 과시욕과 허풍을 바탕에 깔고 있기 때문이다.

단테의 지옥 Dantes Inferno

단테의 《신곡》 중 〈지옥 편〉 전체는 **잔인성을 드높이 찬양**한다. 심지어 끝에서 두 번째 서사시에서는 불명예와 비양심적 행위조차 칭송한다.

대중 Die Masse

대중은 보고 들을 수 있지만 그 이상 별로 하는 게 없다. 특히 판별력은 거의 없고 보고 들은 것을 제대로 기억조차 못 한다.

*

대중은 거의 생각하는 게 없는데, 이는 생각할 시간과 여유가 없기 때문이다. 그래서 대중은 자기가 이미 빠져 있는 오류에 한결같이 집착하지만, 계속 방향을 바꾸는 풍향계의 지침처럼 변화무쌍한 학계의 공론 따위에는 관심이 없다. 이는 매우 다행스러운 일인데, 수많은 대중이 빨리 움직이는 것은 상상만 해도 끔찍하기 때문이다. 특히 그들이 몸을 돌릴 때 얼마나 많은 것들이 휩쓸리고 서로 부딪칠 것인가를 상상하면 정말 등골이 오싹해진다.

데카르트주의자와 동물의 의식 Die Cartesianer und das Bewusstsein der Tiere

어떤 데카르트주의자가 호랑이 발톱 사이에 끼게 된다면, 자신의 자아와 비자아Nicht-Ich 사이에 놓인 간극이 얼마나 큰지를 확실히 이해하게 될 것이다.

45

덴마크 학술 협회와 그 모순 Die Dänische Akademie und ihre Widersprüche

나는 덴마크 왕립 학술 협회가 질문하지 않았다고 주장하는 것을 실제로는 질문했다는 사실, 또한 그 협회가 질문했다고 주장하는 것을 실제로는 질문하지 **않았다**는 사실, 그러니까 그 협회가 하다못해 한 번이라도 제대로 질문할 능력조차 없다는 사실을 반론의 여지 없이 증명했다.

덴마크 학술 협회와 그 목적 Die Dänische Akademie und ihr Zweck

만일 학술 협회의 목적이 진실을 최대한 억누르고 재능 있는 지성인의 숨통을 막고 허풍선이와 협잡꾼의 평판을 과감히 지켜 내는 것이라면, 이번에 덴마크 학술 협회는 그 목적을 성실히 달성한 것 같다.

도덕 Moral

도덕을 뒷받침할 확실한 토대를 닦기 위해 2천 년 이상 헛수고해 온 내력을 되돌아보면 아마도 자연스러운 도덕, 즉 인간적 규약과 동떨어진 도덕은 없다는 사실이 밝혀질 것이다. 또한 도덕이란 철저히 인위적 산물이라는 것, 한마디로 이기적이고 악의적인 인간을 좋은 방향으로 길들이기 위해 고안한 수단이라는 점도 드러날 것이다.

도서 구입 Bücheranschaffung

독서할 시간이 날 때 책을 구입할 수 있다면 좋을 것이다. 하지만 우리는 도서 구입과 그 내용 습득을 서로 혼동할 때가 많다.

도서관 Bibliotheken

켜켜이 쌓인 지층이 과거 여러 시대의 생명체를 차례로 보존하는 것처럼, 도서관의 장서고는 수많은 과거의 오류와 표현물을 순서대로 정렬하여 보존한다. 지층에 갇힌 생명체와 마찬가지로 이 책들은 시끌벅적한 한 시절을 보냈지만 이제는 돌처럼 단단히 굳어 저장되어 있을 뿐이고, 고문서학자나 한 번씩 들춰 볼 따름이다.

독서 Das Lesen

독서란 자기 머리가 아니라 남의 머리로 생각하는 것이다.

*

학자들은 대부분 열정적인 독서를 통해 **사고의 공백** fuga vacui을 메우기에, 부지런히 읽으면서 새로운 내용들로 두뇌를 재충전한다. 달리 말해, 뭔가 읽어야 생각할 거리가 생기는데, 이는 외부의 자극을 받아야 겨우 거동할 수 있는 의식 없는 몸체와 같다. 반면, 자기 스스로 사유할 수 있는 사람은 스스로 움직일 수 있는 생명체와 같다.

*

우리의 독서 습관과 관련해서 보자면, 읽지 **않는** 법을 익히는 것이 가장 중요하다. 이는 많은 대중이 같은 시기에 너나없이 똑같이 읽는 것에 손대지 않는 행위를 말한다. 지금 막 유행하고 있고 초반부터 막판까지 증

쇄를 거듭 찍어 낼 것이 뻔한 정치나 문학 팸플릿, 소설, 시 같은 읽을거리를 다른 사람들과 똑같이 읽는다는 게 어쩐지 마음에 썩 내키지 않기 때문이다.

*

어떤 이에게 언젠가 읽은 것을 모두 기억하고 있기를 요구하는 것은 마치 그가 언젠가 먹은 것을 아직도 배 속에 꽉 채우고 있기를 요구하는 것과 같다.

독서광 Leseratten

독서에 일생을 바치고 책 속에서 지혜를 퍼 담아 온 사람들은 여행 책자에서 목적지에 대해 상세한 정보를 접하는 많은 사람들과 닮았다. 이런 사람들은 피상적인 정보를 많이 전달할 수는 있지만 기본적으로 여행지에 대한 상호 연관된, 정확하고 심오한 지식이 없다. 반대로 깊은 사유에 전념하며 살아온 사람들은 여행지에 직접 다녀온 사람들에 비유할 수 있다. 오직 그들만이 기본적으로 주제를 이해하고 그곳의 사정을 종합적으로 잘 파악할 수 있다.

독일 관념론자들 Deutsche Idealisten

대학 철학이 실질적이고 진지한 철학에 얼마나 잘못된 영향을 끼쳤는지는, 특히 칸트 철학이 어떻게 세 명의 떠버리 궤변론자의 허풍에 눌려 밀려났는지 보면 된다. 먼저 피히테, 그다음에는 셸링이 허풍을 떨었는데,

이 둘에게는 재능이 아주 없지만은 않았다. 마지막으로 졸렬하고 혐오스러운 협잡꾼인 헤겔이 등장한다. 그는 한 세대를 통틀어 지식인을 완전히 해체하고 악영향을 끼친 위험인물이다.

독일 민족과 그 일원의 수치심 Die Deutsche Nation und die Scham, ihr anzugehören

죽음에 대비해서 한마디 고백하겠다. 독일 민족은 한없이 우둔하기 때문에 나는 그들을 멸시한다. 또한 내가 그 민족의 일원인 게 부끄럽다.

독일 사람_둔중한 민족 Die Deutschen - ein Volk der Schwerfälligkeit

독일 사람의 진정한 민족성은 **둔중함**이다. 이는 그들의 걸음새, 행위, 언어, 말하고 설명하고 이해하고 생각하는 방식을 보면 훤해진다. 특히 글 쓰는 **양식**을 보면 더한데, 그들은 오래 질질 끌고 뭔가 답답하게 얽혀 있는 단계를 즐기며 자신에게 부여된 과제를 홀로 5분 동안 꾸준히 암기하며 끝까지 습득하고는 그 단계가 막판에 이를 즈음에 마침내 답을 찾아 난제를 풀어낸 것을 우쭐거리며 자랑한다. 이제는 거들먹대고 과장하며 허세에 찬 **격식**으로 길게 떠벌릴 수 있기에, 글 쓰는 사람은 이 방식에 푹 빠져든다. 하지만 독자여, 인내하라!

독일 사람_형이상학적 민족 Die Deutschen - ein metaphysisches Volk

독일 사람이 저지르는 본질적인 잘못은 바로 코앞에 놓인 것을 구름 속에서 찾아 헤매는 것이다. 만일 그들 앞에서 **관념**이라는 단어를 말하면, 그들의 생각은 벌써 공중을 떠다닌다. 한편, 프랑스 사람이나 영국 사람에게 이 단어의 의미는 확연하다.

독일 학자 Der deutsche Gelehrte

독일 학자는 지나치게 가난해서 성실하기도 어렵고 존경받기에도 역부족일 정도이다. 그래서 그들은 곱새기고 왜곡하고 세간에 순응하고 신념을 부인하며, 비겁하고 아첨하고 파벌을 만들며 친교를 맺는다. 또한 진리나 다른 사람의 업적을 인정하기에 앞서 장관, 대가, 동료, 학생, 서적상, 비평가 등 한마디로 온갖 사람을 오히려 더 높이 인정한다. 이런 게 그들의 수단이자 행보이다. 대개 그들은 사려 깊지만 뭔가 초라한 인간으로 전락한다.

독일 형이상학 Deutsche Metaphysik

만일 영국에서 뭔가를 정말 음침하다고, 그러니까 전혀 이해할 수 없다고 말할 때는 "이건 마치 독일 형이상학 같은데."라고 한다.

동물 생체 해부 Vivisektion

내가 독일 괴팅겐에서 공부했을 때, 생리학 동료인 블루멘바흐*는 우리에게 동물 생체 해부의 끔찍함에 대해 매우 진지하게 얘기하면서 그것이 얼마나 잔인하고 소름 끼치는 일인지 모른다고 했다. 생체 해부는 매우 드물게, 또 오직 매우 중요하고 직접적으로 유용한 연구를 위해서만 실시되어야 한다. 또한 의학자들이 모두 한자리에 모인 대강당에서 공식적으로 집행하여, 학문의 제단에 바쳐진 끔찍한 희생물이 최대한 유용하게 쓰일 수 있도록 조처해야 한다. 그런데 오늘날에는 돌팔이 의사들이 너나없이 어떤 문제를 해결하기 위해, 다시 말해 시중에 이미 나와 있는 관련 서적을 읽기에는 너무 게으르고 우매한 의사들이 모종의 문제를 풀기 위해 개인 실험실에서 잔인한 동물 생체 해부를 실시한다. 우리 시대의 의사들은 더 이상 고전 교육을 받지 않는다. 예전 같으면 고전 교육을 통해 인도주의 정신과 고귀한 면모를 부여받았겠지만, 요즘 그들은 가능하면 일찍 대학에 진학하여 여기저기 반창고 붙이는 법이나 배워 잘나가는 돈벌이로 삼을 궁리나 한다.

오늘날의 프랑스 생물학자들이 이런 전형적 사례를 보이는데, 독일 학자들 역시 순수 이론적 문제나 매우 하찮은 문제를 풀기 위해 죄 없는 동물에 대한 잔인한 실험을 실시하는 경우가 많다. 내가 특히 격분한 몇 가지 사례를 들겠다. 물론 이런 사례는 어쩌다 한 번씩 발생하는 게 아니라 이와 비슷한 사례가 수없이 반복된다는 것을 암시한다. 독일 마르부르크의

---

* 요한 프리드리히 블루멘바흐Johann Friedrich Blumenbach (1752-1840) - 자연 인류학의 시조로 일컬어지는 독일의 해부학자, 생리학자.

루트비히 피크* 교수는 저서《골격 형태의 원인에 대하여Über die Ursachen der Knochenformen》(1857)에서 새끼 동물의 눈알을 뽑았는데, 그는 그 실험을 통해 뼈가 빈 공간 속으로 자라날 것이라는 가정을 확인할 생각이었다고 보고했다!

여기서 특히 언급할 만한 다른 사례는, 에른스트 폰 비브라** 남작이 뉘른베르크에서 행한 끔찍한 실험이다. 그는 이를 **유익한 행위**라고 하면서 자신의 저서《인간과 척추 동물의 뇌에 대한 비교 연구Vergleichenden Untersuchungen über das Gehirn des Menschen und der Wirbeltiere》(만하임, 1854, 131쪽 이하)에서 상상을 뛰어넘는 무분별한 행위를 독자에게 전한다. 그는 토끼 두 마리를 계획한 대로 **굶어 죽게** 했다. 그가 이 쓸모없는 연구를 진행한 까닭은 생명체의 아사가 뇌의 화학적 구성 요소에 어떤 비율의 변화를 일으키는지 살펴보기 위해서였다. – 그게 아니란 말인가?

수술용 칼을 휘두르고 실험 용기를 흔드는 이 양반들은 자신이 과학자이기 이전에 인간이라는 점을 꿈에도 생각지 못하나? 어떻게 죄 없는 젖먹이 동물들을 가두어 서서히 고통스럽게 굶겨 죽이면서 발 뻗고 편히 잘 수 있는가? 자다가 느닷없이 가위눌리지도 않나? (…) 설령 비브라의 잔혹한 행위를 막을 수는 없었을망정 어찌 그를 처벌하지도 않고 그냥 넘어가는가? 그런데 비브라같이 최소한 글줄깨나 읽었다는 양반은, 이런 행위는 바로 오로지 자기 지식을 넓히기 위해, 즉 그게 이미 보편적 지식으로 알려져 있는데도 불구하고 그 비밀을 캐내려고 자연을 혹사하고 잔

*   프란츠 루트비히 피크Franz Ludwig Fick (1813-1858) - 독일 마르부르크 대학 해부학 교수로 뼈 성장의 발전 메커니즘을 연구.
** 에른스트 폰 비브라Ernst von Bibra (1806-1878) - 독일 자연사학자, 작가.

혹한 방법까지 동원하며 마지막 답변을 비틀어 짜는 것임을 깨달아야 한다. 왜냐하면 이런 지식과 관련이 많지만 손때 먹지 않고 해묵은 지식도 아주 많기 때문이다. 이런 지식은 불쌍하고 힘없는 동물을 죽도록 고문하지 않고도 충분히 얻을 수 있다. 도대체 가엽고 무해한 토끼에게 무슨 죄가 있다고 잡아 가둬서 서서히 굶겨 죽이는가? 특히 연구 대상에 대한 모든 것이 이미 책에 다 실려 있는 걸 아는 이상, 이제 아무도 생체 실험을 할 자격은 없다.

동물 학대 Tierquälerei

인간은 그냥 놔두면 세상의 반 바퀴 정도를 거뜬히 날 수 있는 새를 좁은 새장에 가둔다. 그 좁은 데 갇힌 새는 서서히 죽음을 갈망하며 우짖는다. 왜냐하면 "새장에 갇힌 새는 넋을 잃고, 즐거움 아닌 노여움으로 우짖기" 때문이다. 게다가 인간은 충직한 친구이자 영리한 개를 줄에 묶는다! 나는 깊은 동정심 없이 그런 개를 바라볼 수 없고 심한 혐오감 없이 개 주인을 쳐다볼 수 없다. 몇 년 전에 《타임》지에 실린 사건을 생각하면 마음이 흡족해진다. 덩치가 큰 개를 묶어 놓고 키운 주인이 한번은 그 개와 함께 정원을 가로질러 가면서 쓰다듬으려 했다. 그러자 그 개는 주인의 팔을 위에서 아래로 덥석 물어뜯었다. ─ 아휴, 잘했다! 아마도 그 개는 "당신은 내 주인이 아니오. 나의 짧은 삶을 지옥으로 만드는 악마요."라고 외치려 했을 것이다. 나는 개를 묶는 개 주인이 바로 그런 삶을 꾸리길 바란다.

동물원 방문객 Zoobesucher

사람들은 낯설고 희귀한 동물을 그저 가만히 바라보지 못한다. 자극과 반응을 즐기려고 무조건 그 동물을 집적거리고 약 올리고 장난질 쳐야 직성이 풀린다.

ㄹ

라이프니츠 Leibniz

당신들은 설마 라이프니츠처럼 실제 세계를 모든 가능 세계 가운데 최상이라고 믿는 건 아닌가? 나는 실제 세계가 어떤지 전혀 모르거니와 다른 가능 세계들이 어떤지 알게 되는 명예도 누리지 못한다네.

*

라이프니츠는 우리가 사는 이 세계가 상상 가능한 모든 것 가운데 최상이라는 가능 세계라고 주장하며 매우 궤변적인 증거를 늘어놓지만, 나는 이 세계가 모든 가능 세계 중에서 **최악**임을 최초로 진지하게 밝히는 증거로 이를 맞받아칠 수 있다.

라틴어의 폐지 Abschaffung des Lateins

보편적 학술 언어인 라틴어를 폐지한 다음에 도입된 민족 문학에 편재된 소시민 근성은 유럽 학자들에게 불행 그 자체를 의미한다.

루터, 성경 번역자 Luther als Bibelübersetzer

루터의 성경 번역은 조야하면서도 독실해 보이고 틀릴 때도 많은데, 때로는 일부러 그러는 것 같거니와 그는 전형적으로 교회 만능적 말투인 경건한 어조를 쓴다.

ㅁ

마르코 폴로와 위대한 세계 여행자들 Marco Polo und die großen Weltreisenden

그들은 멀리 외떨어져 있어 찾는 사람이 드문 나라들을 고안해 낸 것이
아니라 직접 그곳에 가서 두루 둘러본 것으로 유명하다.

만족과 쾌락 Befriedigung und Genuss

그 자체로 드러나는 것, 곧 **적극적인 것**은 고통이다. 적극적인 것을 긁어
내면 **소극적인 것**이 남는데, 만족과 쾌락이 바로 그것이다.

명성 Ruhm

명성은 인생의 소음이고 인생은 의지의 거대한 패러디로, 말하자면 인간
보다 거짓말을 더 많이 하는 어떤 것이다.

잘못된 명성 Falscher Ruhm

한순간에 얻게 된 명성 중에는 잘못된 명성도 포함된다. 예를 들어 분별력 없는 대중을 우선 전제로 한 다음에 그릇된 칭찬, 친한 친구, 매수된 비평가, 윗사람의 암시와 아랫사람과의 약속 등을 수단으로 삼아 모종의 작품을 유명하게 만드는 것이 바로 그런 사례이다. 명성은 뚱뚱한 사람에게 수영을 가르칠 때 사용하는 거세한 황소의 방광과 비슷하다. 그것은 바람을 얼마나 불어 넣었고 얼마나 세게 꽉 묶었느냐에 따라 수영하는 사람을 길거나 짧은 시간 동안 떠받쳐 준다. 그러나 결국 공기는 차츰 빠지고 그 사람은 밑으로 가라앉게 되어 있다.

모르몬교도 Mormonen

모르몬교에 수많은 개종자들이 끌리는 이유는 그 종교가 자연법칙에 어긋나는 일부일처제를 없앴기 때문인 것 같다.

모세 Moses

신이 세상을 창조한 다음에 이를 다시 보고는 모든 게 좋다고 느꼈다고 한다. 모세는 그 이래 자주 반복된 이 말을 기록했다. "항상 좋고 영원히 좋다.pánta kalá." 오! 그 옛날에 신은 분명히 별로 까다롭지 않았나 보다! (…) 아, 좋아! 솔직히 말해, 혹시 이 "항상 좋고 영원히 좋다."라는 말이 끔찍한 농담처럼 느껴지지는 않는지 한 말씀 좀 해 보시구려.

돼지 가죽에 감싸인 문예사 Literargeschichte - in Schweinsleder

문예사에서 가장 크게 차지하는 부분은 기형아 진열실의 목록이다. 이 기형아들을 가장 오래 보존시키는 알코올은 돼지 가죽이다.*

문학 비평가 Literaturkritiker

옳고 그름을 판단하는 기준이 모두 자기 손에 달렸다고 착각하는 비평가가 있다. 그러면서 그는 자신의 유아용 나팔을 풍문의 여신 페메의 나팔이라고 생각한다.

뮤즈 Musen

뮤즈의 사랑을 받은, 다시 말해 자신의 시적 재능으로 먹고사는 남자는 남을 유혹하는 자극으로 먹고사는 젊은 여자와 거의 유사해 보인다. 이 둘은 사실 그들의 깊은 내면에서 솟아나는 자유로운 재능으로 밥벌이를 해야 할 텐데, 실제로는 모두 보잘것없는 생업을 잇기 위해 품위를 잃는다. 이들은 녹초가 되도록 지쳐 있고 대개 치욕적인 종말을 맞는다. 그러니 너희들의 뮤즈를 창녀 취급하지 말라.

* 예전에 책을 오래 보존하기 위해 표지를 가죽으로 만든 것을 비유한 문장이다.

미국 Die Vereinigten Staaten

미국에서 우리는 (…) 명료한, 추상적이고 순수한 법에 의해 국가가 통치되도록 노력하는 것을 본다. 하지만 이런 성공 하나만으로는 주목받을 수 없다. 왜냐하면 그 나라가 온갖 물질적 번영을 구가하는데도 불구하고 우리는 그 번영에 깔린 주된 가치를 저질의 공리주의와 그 필연적 동반자인 무지에서 찾아 볼 수 있기 때문이다. 이 무지 탓에 어리석은 영국 국교도들이 편협한 신앙심과 속된 자만심에 젖어 거칠고 잔인한 행위를 할 뿐 아니라 엉뚱하게 여성에게 찬사를 보낸다는 것도 알게 된다. 게다가 노예를 잔혹하게 다루는 수치스러운 흑인 노예 제도, 자유로운 흑인에 대한 부정한 강압, 사적 체벌인 **린치** 등의 극히 심각한 일들이 다반사로 벌어진다. 또한 죄인이 처벌을 면하는 높은 빈도의 살인 사건, 매우 잔혹한 결투, 권리와 법률에 대한 공공연한 조롱, 공공 채무의 지불 거부, 이웃한 지역과의 정치 분쟁 격화, 그리고 그 결과로 이웃 부자 나라에 대한 파렴치하고 탐욕스러운 약탈 행각이 저질러지고 있다. 이런 약탈은 최고위급에서 시작하는데, 이것이 미화되어서 국민은 이를 모두 거짓이라 여기고 헛웃음치게 유도된다. 또한 계속 비대해지는 중우 정치와 그것의 부정적 영향은 개인의 도덕성에 큰 후유증을 남길 수밖에 없는데, 이것은 위에서 언급한 지역의 합법성을 부인한 사례에서 찾아 볼 수 있다.

민족적 자부심 Nationalstolz

세상에서 자랑할 것이라곤 아예 없는 초라한 멍청이는 모두 자기가 속한 민족을 마지막 보루로 삼아 거기에 안주하고 민족 고유의 오류와 우매함

마저 무조건 **최선을 다해** 변호할 태세로 산다.

오늘날의 민중 선동가 Demagogen der Jetztzeit

모든 시대와 장소를 막론하고 정부, 법규, 공공 기관에 대해 불만이 누적되지 않은 적이 없다. 그러나 그건 대개 우리가 겪는 불행에 대한 혐의를 여기에 떠넘길 작정이기 때문이다. 불행은 인간 존재 자체와 떼려야 뗄 수 없는 것으로, 신화적으로 말하자면 이것은 최초의 인간인 아담에게 떨어지고 마침내 인류 전체에게 내려진 저주이다. 그런데 '오늘날'의 민중 선동가보다 더 기만적이고 뻔뻔한 방식으로 사람을 그릇되게 현혹하는 이들은 없다. 이 선동가들은 기독교의 적대자 축에 드는 낙관론자들이다. 그들에게 세상은 '목적 자체'이고 따라서 본질 그 자체이다. 한마디로 세상은 고유의 성격에 합당하게 매우 훌륭하게 만들어진 행복의 보금자리인 것이다. 그래서 선동가는 '오늘날' 이와 완전 딴판인 세상에서 벌어지고 있는 엄청난 재앙에 대한 책임을 모두 정부에 떠넘긴다. 즉 정부가 맡겨진 책무를 제대로 이행한다면 지상 천국이 존재할 것이므로 우리는 애써 일하지 않고도 거뜬히 배부르게 먹고 마시고 하고 싶은 말 다 하고 살다가 죽을 수 있다는 것이다. 왜냐하면 이런 것이 바로 세상의 '목적 자체'에 딸린 부연 설명이고, '인간의 끝없는 발전'이 추구하는 목표이기 때문이다. 오늘날의 민중 선동가들은 미사여구를 동원해 가며 이런 내용을 끊임없이 선전한다.

민중 재판관 Volksrichter

도둑, 살인범, 사기꾼들의 술책과 핑계를 매일 수습하다 보니 어느새 늙수그레해졌고 세상 물정에도 밝은 노련한 형사 재판관들을 몰아내고 요즘에는 원로 재단사와 손장갑 생산자가 재판소에 턱없이 버티고 앉아 있다. 이들은 굼뜨고 거칠고 미숙하고 멍청한 머리로, 제대로 집중도 못 하는 낮은 판단력을 동원하여 속임수와 겉치레로 얽힌 거짓 묶음 타래에서 진실을 가려내려 한다. 이 와중에 그들은 틈틈이 자기들의 수건과 가죽을 생각하고 집에 돌아갈 생각에 하염없이 빠져든다. 그들에게는 궁극적으로 개연성과 확실성 간의 차이로부터 분명한 개념을 도출해 낼 능력이 전혀 없다. 더 자세히 말하면, 그들은 어리숙한 머리로 일종의 **개연성을 추정**하고 그에 근거하여 당당하게 다른 사람의 삶을 혹독하게 비판한다. (…) 그런데 지금 이 배심원들에게 위법 행위 말고도 국가와 그 지배자의 범죄에 대한 판결을 맡긴다는 것은 정말 말 그대로 고양이에게 생선 가게를 떠맡기는 격이다.

믿음 Glaube

믿음은 마치 사랑과 같아서 강요할 수 없다.

믿음과 지식 Glaube und Wissen

믿음과 지식은 한 사람의 머리 속에서 서로 화합하지 못하는데, 이건 마치 늑대와 양이 한 우리에 갇혀 있는 셈이다. 여기서 지식은 이웃을 잡아

먹으려 으르대는 늑대이다.

*

지식은 믿음보다 더 뻣뻣한 옷감으로 짜여 있기 때문에 이 둘이 서로 충
돌하면 지식은 딱 부러져 버린다.

ㅂ

바더[*]Baader

철학자의 부류는 무척 많다. 추상적이고 구체적인 철학자도 있고 이론적이고 실제적인 철학자도 있다. 그런데 바더는 차마 눈 뜨고 볼 수 없는 철학자이다.

반계몽주의Obskurantismus

반계몽주의는 성령을 거스르는 죄는 아닐지 몰라도 인간의 정신을 거스르는 죄이다. 따라서 그 죄를 절대 용서하지 말고 죄를 지은 사람과 화해해서도 안 되고 언제 어디서나 원한을 잊지 말고, 또 생전에는 물론이고 사망한 뒤에도 기회 있을 때마다 그를 경멸해야 한다.

[*] 프란츠 폰 바더Franz von Baader (1765-1841) - 독일의 의사, 광산 엔지니어, 철학자.

반계몽주의자 Obskurantisten

우리 시대의 반계몽주의자는 마치 도둑질을 하기 위해 촛불을 끄는 사람 같다고 생각된다.

배우 Schauspieler

내가 오랜 세월 동안 직접 쌓은 경험에 비추어 보면, 배우들은 자주 걷잡을 수 없을 정도로 심한 광기에 휩쓸리는 것 같다. 그들은 기억력을 얼마나 혹사하는지 모른다! 그들은 매일 새로운 역할을 익히거나 옛날 역할을 쇄신해야 한다. 그런데 이 역할들은 정말 서로 전혀 연관이 없을뿐더러 서로 모순되고 크게 대조되기 때문에, 배우는 매일 저녁 완전히 다른 인물로 등장하기 위해 무아지경에 빠져들려 애쓴다. 이건 바로 광기로 돌진하는 길을 내는 것이다.

번역 Übersetzungen

번역은 모두 생기가 없고, 번역 기법은 형식적이고 부자연스럽다. 그렇다고 번역을 자유롭게 하면, 즉 **대충** 번역하는 것으로 만족하면 이 또한 잘못이다. 번역물로 채워진 도서관은 모사품을 전시하는 미술관과 다르게 없다.

법정과 양심 Das Gewissen als Gerichtshof

칸트는 재판 소송, 판사, 검사, 변호사, 판결 선언 등을 포괄한 법정 구조 전체를 우리에게 소개하며 그 내부 분위기를 전한다. 실제 재판의 진행 과정이 칸트가 묘사한 그대로라면, 도대체 여태 어떤 사람이 양심을 거스르는 짓을 할 정도로 – **나쁠** 수 있을지 모르겠다고 말하진 않겠지만 – **어리석을** 수 있을지 의아하지 않을 수 없다. 왜냐하면 우리의 자의식 속에 독특한 방식으로 자리 잡은 초자연적 기관, 즉 은밀한 우리 내면의 암흑에 감싸인 비밀의 재판 법정은 분명히 우리를 공포에 떨게 할 것이기 때문이다. 우리는 이 양심의 법정에서, 마치 금지령을 무시하고 일시적 이익에 눈멀지 못하도록 앞을 떡하니 가로막는 악마 앞에 선 듯한 두려움, 그리고 우리 옆에 바싹 붙어서서 확실히 예고하는 무서운 초자연적 세력의 위협을 받는 듯한 두려움에 휩싸이지 않을 수 없게 될 것이다. 그러나 실제로 우리가 목격하는 것은 이와 정반대이다. 양심이 내는 효력이 대체로 미약하다고 여겨지기 때문에 모든 민족은 긍정적 종교를 통해 양심을 보완하거나 이를 아예 종교와 맞바꿀 궁리를 한다.

세상에 빼곡한 보통 사람 Alltagsköpfe, von denen die Welt vollgepfropft ist

세상에 넘쳐 나는 평범하고 뚱한 성격의 소유자들에게는 판단력과 주관적 사고력이 아예 결여되어 있는데, 이 두 능력은 서로 밀접하게 연관되어 있다.

부족한 지성으로 철학 하기 Philosophieren bei beschränktem Kopf

목쉰 사람이 노래하는 걸 듣는 것이나 다리가 마비된 사람이 춤추는 걸 보는 것은 어쩐지 괴롭다. 그러나 지성이 부족한 사람이 철학 하는 걸 알아듣는 것은 참으로 견디기 어렵다.

人

사랑 Liebe

육욕적 망상이라는 허상에 잘못 빠져든 남자들은 다른 어떤 여자와 함께 할 때보다도 자기 혼을 온통 빼놓는 아름다운 여자의 품속에서 최상의 쾌락을 즐기게 되리라고 착각한다. 심지어 그 남자는 그녀를 소유하면 지극한 행복을 누릴 수 있으리라는 기대에 부합하는 **유일한** 여자에게만 전념하게 된다.

*

이제 (…) 인생이라는 소용돌이 속을 들여다보면, 우리 모두는 끝없는 욕구를 충족하고 갖은 병고를 물리치기 위해 위기와 고통을 겪으며 힘겹게 삶을 꾸려 가는 게 보인다. 그러면서 고통에 시달리는 이 개별적 존재를 짧은 기간 동안 겨우 지탱하는 것 말고는 그 대가로 아무것도 달리 기대할 수 없다. 그러나 이런 혼란의 와중에도 우리는 서로 애타게 그리워하며 밀회하는 두 연인을 알아본다. 아니, 그런데 왜 그렇게 겁에 질려 남몰래 숨어서? 왜냐하면 그 연인들은 그러지 않으면 곧 끝장날 판인 모든 위기와 고생을 지속하느라 남몰래 정신이 팔려 있는 배신자이기 때문이다. 안 그러면 그런 위기와 고생은 머잖아 막을 내릴 텐데 그들은 끝장을 보려 하지 않는다. 마치 예전에 그들과 똑같았던 연인들이 그 끝장을 보지 않았던 것처럼 말이다.

전염병 시대의 사랑 Liebe in Zeiten der Seuche

성병이 미치는 영향은 첫눈에 얼핏 비치는 것보다 훨씬 더 광범위하다. 성병은 신체적 부작용뿐만 아니라 도덕적 부작용도 일으키기 때문이다. 사랑의 신 에로스의 화살통에 납 화살이 여러 개 꽂혔을 때부터 남녀 간에 낯설고 적대적인 요소, 즉 악마적 요소가 스며들었다. 그 결과 음침하고 무서운 불신이 남녀 관계 속에 파고들었다.

정신적 사랑 Geistige Liebe

소크라테스가 정신적 사랑학을 가르쳤던 여자는 디오티마*이다. 세상의 고통을 거뜬히 이겨 내기 위해, 이 위험한 학문을 제자들을 통해 후세에 전수한 사람도 바로 저 빛나는 소크라테스이다.

사랑받는 여자_아름다움과 나이 Die zu liebende Frau - Schönheit und Alter

우리가 이리저리 고르고 따지는 것은 뭐니 뭐니 해도 나이이다. 대체로 월경을 시작하는 나이부터 폐경으로 접어드는 나이를 중시하지만, 가장

---

* 디오티마Diotima - 전설상의 인물로 그리스 만티네이아의 무녀. 플라톤의 대화편 《향연》에 등장한다. 이 책에서 소크라테스는 디오티마에게 들은 정신적 사랑학을 향연 참가자들에게 이야기해 준다.

선호하는 나이는 18세부터 28세까지이다. 이 시기를 벗어난 여자들은 매력이 없는데 월경이 끝난 여자, 이른바 늙은 여자는 혐오감을 자아내기까지 한다. 예쁘지 않은 젊은 여자는 그래도 매력적이지만 예쁘긴 해도 젊음을 잃은 여자는 아무런 매력이 없다.

사제 Pfaffen

우리에게 닥친 상황은 참으로 한심하다! **우리는 어디에서 왔다가 어디로 가는지, 무엇을 위해서인지** 전혀 감도 못 잡은 채 노고와 궁핍, 두려움과 고통이 가득한 시대에 살고 있다. 게다가 이제는 무신론자를 위협할 뿐만 아니라 자기만의 계시를 별도로 전파하는 세속적 성직자들로 온통 붐비는 시대에 살고 있다.

사형제 폐지 Abschaffung der Todesstrafe

사형제 폐지를 주장하는 사람들에게는 "먼저 살인 없는 세상부터 만들어라. 그러면 사형 제도도 뒤따라 없어질 것이다."라고 답할 수 있겠다.

상속권 Erbrecht

남자들이 오랫동안 힘겹게 일하고 노력한 끝에 어렵게 취득한 재산이 어리석은 여자들 수중에 떨어진 뒤로 순식간에 허비되거나 심지어 탕진되는 경우가 흔한데, 이는 정말 기막히고 허무맹랑한 일이니 여자의 상속권을 제한해서 이런 일이 없도록 미연에 방지해야 한다.

성교와 임신 Koitus und Schwangerschaft

성교는 주로 남자가 주관하는 것인 반면, 임신은 오로지 여자가 치를 몫이다.

성서 Die Heilige Schrift

인간은 두 명의 주인을 섬길 수 없다. 이성理性 또는 성서 가운데 오직 하나만 섬길 수 있다.

성숙_남자와 여자 Reife - männlich und weiblich

고귀하고 완전한 것일수록 늦되고 서서히 성숙한다. 남자의 이성과 정신력은 28세가 되어야 비로소 무르익기 시작하는 반면, 여자는 18세면 충분하다. 이것은 아주 빠듯하게 따져서 말하는 성숙이다. 그러니까 여자는 평생 어린애 수준에 머무른다고 보면 되는데, 그들은 코앞에 닥친 일만 보고 현재에 집착하고 겉치레를 더 중시하고 핵심 사안보다 온갖 허드렛일에 바짝 매달린다.

성애_남자와 여자 Geschlechtsliebe - männlich und weiblich

남자는 본래 변화무쌍한 사랑을 원하고 여자는 항구적인 사랑을 선호한다. 남자의 사랑은 만족감을 얻는 바로 그 순간부터 야릇하게 줄어든다. 이미 정복한 여자보다 거의 모든 다른 여자가 그를 더 자극하기에 남자는 변화를 갈구한다. 이와 반대로 여자의 사랑은 남자와 잠자리를 나눈 바로 그 순간부터 더 커진다. 이는 종의 보존 및 강한 번식에 치중하는 자연의 책략에 따른 것이다. 만일 남자가 많은 여자와 잠자리를 같이할 수만 있다면, 그는 일 년 사이에 백 명이 넘는 아이들쯤은 거뜬히 임신시킬 수 있지만, 여자는 많은 남자와 한 몸이 된다 해도 일 년에 (쌍둥이를 낳는 경우를 빼고) 잘해야 아이 **한 명**을 낳게 된다. 그렇기에 **남자**는 항상 다른 여자들에게 곁눈을 파는 반면에, **여자**는 한 남자에게 온통 매달리는데 이는 장차 생겨날 아이의 부양자이자 보호자 곁에 머물기를 원하기 때문이다. 여자는 자연의 본성에 따라 별생각 없이 본능적으로 그리하게 되어 있다.

성적 욕망 Die Geschlechtsbegierde

성적 욕망은, 특히 한 여자에게 집착하여 열애에 빠졌을 경우라면 고상한 세계에서 벌어지는 온갖 기만의 핵심적 축소판이다. 그건 이루 말할 수 없을 만큼 한없이 입에 발린 허황된 약속을 쏟아붓고 나서는, 그 약속을 정말 턱없이 모자라게 지키기 때문이다.

성적 충동 Der Geschleichtstrieb

성적 충동에서 튀어나오는 변덕은 **도깨비불**과 매우 비슷하다. 도깨비불은 우리의 넋을 완전히 빼놓지만, 그 뒤를 쫓아가면 우리를 습지로 끌어들이고는 흔적도 없이 사라진다.

세계 Die Welt

세계는 나의 표상이다.

*

아리스토텔레스가 "자연은 악마적이다. 신적이지 않다."(《잠 속의 예언에 관하여De divinatione per somnum》, 463a 14-15)라고 한 말은 옳다. 요즘 말로, "세계는 지옥이다."라고 할 수 있다.

*

만일 우리가 고집불통인 낙관주의자에게 먼저 종합 병원, 군인 병원, 외과 수술실을 살펴보게 한 다음에 감옥, 고문실, 노예들의 움막을 둘러보게 하고 여러 전쟁터와 재판소를 두루 거치게 한다면, 또 그러고 나서 호기심 어린 싸늘한 눈길 앞에 몸을 움츠리는 가난한 사람들의 음울한 살림살이를 보여 주고 마지막으로 우골리노[*]가 굶어 죽은 피사의 탑을 보여 준다면, 어느 곳이 '모든 가능 세계 중에서 최상'^{**}인지 그는 정말 확실히 깨달을 수 있을 것이다.

---

* 우골리노Ugolino - 단테의 《신곡》 〈지옥편〉 제33곡의 주인공으로, 〈지옥 편〉에 떨어진 굶주린 맹수로 묘사된다. 13세기에 권력 다툼으로 피사의 탑에 감금되었을 때, 함께 갇힌 자기 혈육의 시신까지 먹었지만 결국 굶어 죽었다.

** "모든 가능 세계 중에서 최상meilleur des mondes possibles" - 철학자 라이프니츠는 《신정론Essais de théodicée》(1710)에서 악의 문제를 해결하기 위한 노력의 일환으로 모든 가능 세계 중에서 최상은 현세라고 논증했다.

*

세계는 바로 **지옥**이다. 인간은 고통받는 영혼이기도 하고 악마를 품고 있는 존재이기도 하다.

*

이 세계는 모든 가능 세계 중에서 **최악**이다.

*

세계 어디서든 뭔가 손에 쥘 만한 게 별로 없다. 궁핍과 고통이 세상에 가득하고 이를 헤쳐 나온 사람들마저 온통 권태감에 시달리고 있다. 게다가 예사로 나쁜 것이 기세를 떨치고 어리석음이 기승을 부린다.

*

삶의 방향을 잡고 정확한 나침판을 늘 몸에 지니고 헤매지 않고 올바른 빛을 쳐다보기 위한 최선의 방법은 이 세계를 참회의 장소, 감옥이나 **유배지**, 또는 일찍이 고대 철학자가 말한 대로 에르가스테리온*이라고 생각하는 데 익숙해지는 것이다. (…) 감옥의 단점 중에 최악은 바로 거기서 부대끼게 되는 사회 집단이다. 그곳이 어떤 식인지 내가 말하지 않아도 모두 뻔히 더 잘 알 것이다.

*

규칙은 온 세계에 들끓는 구더기이다.

*

신이 이 세계를 창조했단 말인가? 아니다, 오히려 악마가 창조했다.

---

* 에르가스테리온ergasterion - 그리스어로 작업장을 뜻하고 역사학적으로는 노예제의 작업장. 기원전 5세기부터 기원전 4세기에 이르기까지 아테네에서 노예를 부려 공업 생산을 한 사실이 고전을 통해 밝혀졌다.

세계 개선자 Weltverbesserer

중요하고 심각한 문제를 **훈계하려고** 이 세상에 등장한 사람은 별 탈 없이 무사히 살아남기만 해도 행운이라 하겠다.

세계 희극 Die Weltkomödie

꿀벌에게 봉방과 벌집을 만들려는 공동체적 충동이 내재해 있듯이, 인간에게는 준엄하고 도덕적인 세계 희극을 대규모로 공동 시연하려는 충동이 잠재해 있는 듯하다. 여기서 인간은 더도 덜도 아닌 꼭두각시일 뿐이다. 꿀벌과 인간의 가장 큰 차이는 벌집은 실제로 완성되는 반면에, 도덕적 세계 희극은 실제로는 가장 비도덕적 희극으로 상연된다는 점이다.

세계의 중심 Der Mittelpunkt der Welt

자신의 세계와 그 밖의 다른 세계 가운데 하나를 파괴하도록 선택할 자유가 각각의 개인에게 주어진다면, 사람들이 대개 어떤 선택을 하게 될는지 따로 언급할 필요가 없다. 인간은 누구나 자신을 세계의 중심으로 삼고 모든 것을 자기 본위로 행위하기에, 설령 민족의 운명이 걸린 엄청난 변화가 닥쳐도 **자기**의 이익을 먼저 생각하며, 그게 아무리 소소하든 즉각적이든 아랑곳없이 무조건 자기 이익부터 챙긴다. 모든 사람이 제각기 자신의 자아에 기울이는 크고 독점적인 관심과, 대체로 자신의 자아와 동일한 수준인 타인의 자아를 대하는 무관심 사이에 놓인 간극보다 더 큰 것은 없다. 최소한 현실적 관점에서만 보아도, 각 개인은 오직 본인만 **참된 존재**라고 보고 다른 사람들은 기껏해야 환영에 불과하다는 듯이 여긴다. 이런 많은 사람을 지켜보는 것은 어처구니없기까지 하다. (…) 개인은 각자 잘 알고 이해하는 유일한 세계를 자기의 표상으로 제각기 마음에 품고 있기 때문에 이 유일한 세계가 자기 자신의 중심이다. 그렇기에 우리들 개개인은 모든 것의 의미를 무조건 본인에게 부여한다.

셸링, 자연 철학자 Schelling als Naturphilosoph

나는 지금 한 아이가 내 앞에서 마술을 부리면서 컵 안에 구슬을 어떻게 집어넣는지를 지켜보고 있는 참인데, 나중에 바로 거기서 구슬을 다시 꺼냈을 때 놀라는 척해야 할지 말지 생각 중이다.

셸링과 셸링주의자 Schelling und die Schellingianer

후험적으로만, 즉 오로지 경험을 통해서만 드러나는 것을 **선험적으로** 명백히 설명하려는 사람은 야바위 짓을 하는 것이고 자신을 우롱하는 것이다. 예전에 누군가 매우 점잖게 표현한 것처럼, 셸링과 셸링주의자들은 **후험적으로** 설정된 과녁을 **선험적으로** 쏘아 맞힘으로써, 이 오류가 경계하는 사례를 잘 보여 주었다.

소음 Der Lärm

소음은 사유를 단절하는 모든 것 중에서 가장 성가신 것인데, 이는 우리의 생각을 단절하다 못해 아예 없애 버릴 때도 있기 때문이다. 하지만 끊길 것이 전혀 없는 곳에서는 소음이 별로 귀찮게 느껴지지 않는다.

수도승 Mönche

참된 수도승은 가장 존경할 만한 존재이나, 수도복은 대체로 분장용 복장일 따름이어서 진짜 수도승이라면 가장무도회에 가야 할 때도 거의 걸쳐 입지 않을 듯하다.

수도원 Das Kloster

수도원은 가난, 정결, 순종(자기 의지의 포기)을 칭송하고, 공동생활을 통하여 부분적으로는 존재 자체뿐만 아니라 그보다 더 힘든 체념 상태를 수월하게 견디려 노력하는 사람들이 함께 모인 장소이다. 자기와 마음 상태가 비슷한 사람들을 보면서, 또 자기와 같은 방식으로 세상을 등진 타인의 모습을 보면서 자신의 결심을 굳히고 그들을 위로하면서(…). 이것은 **많은 수도원**이 추구하는 기본 개념이다. 그런데 이런 공동 사회를 가리켜 바보들의 집합체라고 말할 수 있는 사람이 어떻게 나의 철학만 쏙 빼놓고 다른 모든 철학을 무조건 따라갈 수 있는지?

수염 Der Bart

마치 반가면으로 분장한 것처럼, **수염**으로 얼굴이 절반가량 덮인 상태는 법으로 금지해야 한다. 특히 이런 수염은 남성성의 표징으로 **음란한 느낌**을 자아낸다. 물론 이 때문에 수염을 좋아하는 여자들도 있다.

*

사람이 수염을 기르는 것은 자연스러운 행위이다. 바로 그렇기에 수염은 자연 상태에서 살아가는 사람들에게 썩 알맞다. 이와 똑같은 이유로, 문명 생활을 하는 사람들에게는 면도하는 편이 훨씬 낫다. 면도를 한다는 것은 동물적이고 거친 폭력성이 법, 질서, 풍속 앞에서 한풀 꺾인다는 뜻이다. 그런데 이 폭력성은 누구나 한눈에 알아볼 수 있는 남성 특유의 과도한 분출을 상징한다. 수염은 얼굴에서 차지하는 동물적인 면적을 넓히고 강조해서 매우 잔인한 인상이 배어나게 한다. 이것은 수염을 기른 사람들이 식사할 때 옆모습을 얼핏 지켜보기만 해도 확인할 수 있다! 수염을 **장식** 삼아 기르고 싶어 하는 사람들도 있다. 그런데 이 장식거리는 2백 년 전부터 유대인, 코르시카 사람, 카푸친회 수도사, 죄수, 그리고 거리의 부랑자들이 흔히 달고 다녔다. 수염을 단 모양새에서 풍기는 거칠고 일그러진 인상은 제각기 **축 늘어진** 털 뭉치가 얼굴의 절반을 덜컥 차지한 데서 생긴다. 도덕성을 표현하는 얼굴의 반쪽이 수염으로 가려져 있는 것이다. 게다가 털로 덮인 것은 모두 동물적 속성을 띤다.

*

주변을 한번 둘러보라! 야만적 인상을 물씬 풍기는 수염을 단 사람들에게서 잠시도 눈 돌릴 틈이 없을 정도이다. 얼굴 한복판을 덮은 남성성의 상징인 긴 수염은, 우리가 인간과 동물의 공통점인 남성성을 **인간성**보다 더 높이 평가한다는 뜻이다. 그것은 **사람**이기에 앞서 특히 먼저 **남성**이고자 한다는 점에서 그렇다. 고도로 문명화된 시대와 사회에서는 모두 이와 정반대되는 감정을 확실히 느끼기 때문에 수염을 깎는다. 이 경우에 그는 특히 동물적 성별 차이를 제쳐 놓는 **사람**, 그러니까 웬만큼 **추상성**을 담보한 사람이 되고자 한다. 반면에, 수염이란 단어는 그 말 자체만으로도 야만성과 직결된다. 또한 수염의 길이는 야만성의 강도와 항상 비슷하게 보조를 맞춰 왔다.

숙녀 Die Dame

우리가 이른바 '숙녀'라고 부르는 서양 여자는 뭔가 **잘못된** 상황에 처해 있다. 고대부터 **열등한 성**sexus sequior이라고 불린 여자는 절대로 경외심과 존경의 대상이 되거나 남자보다 더 우수하거나 동등한 권리를 가질 수 없다. 우리는 뭔가 잘못된 이 상황이 초래한 결과를 자주 목격한다. 따라서 유럽에서도 이 제2의 성을 원래 자리로 되돌려 보내고, 아시아 전체뿐만 아니라 그리스와 로마에서도 비웃음을 사는 문제의 여성들에게 어떤 방침이 세워지기를 열망한다. 그렇게 되면 사회적, 시민적, 정치적 관점에서 매우 유익한 결과가 생겨날 것이다. (…) 유럽 본연의 '숙녀'는 사실상 존재 가치가 없다. 오로지 가정주부와 그런 주부가 되기를 원하는 소녀만이 필요하다. 그들은 거만한 태도가 아니라 가사를 돌보고 복종하는 태도를 익혀야 할 것이다.

순결 Virginität

처녀의 순결은 아름답다. 이것은 금식하는 상태이기 때문이 아니다. 이것은 현명한 것이고 자연의 술책을 비껴가는 것이기 때문이다.

스피노자*Spinoza

스피노자의 사랑에 대한 정의는 유쾌한 기분을 돋우는 턱없는 순진성 때문에라도 한번 인용할 만하다. "사랑은 외적 원인에 대한 상상에 따라붙는 맛깔난 욕망이다."(《에티카》, 4부 44절)

*

콜레루스**의 전기에 따르면, 스피노자는 흥겹게 웃어 대면서 재미 삼아 거미와 파리를 자주 괴롭혔다고 한다. 이런 동물 학대는 위에서 힐책받은 문장과 이미 언급했던 〈창세기〉 구절과 아주 잘 들어맞는다. 이 모든 것을 통해 스피노자의 《에티카》는 오류와 진리, 경탄받아 마땅한 것과 나쁜 것을 확실히 뒤섞어 놓았다.

시간 Zeit

시간은 우리가 지녔던 한순간을 모두 사라지게 한다. 그 결과 진정한 가치도 모두 잃게 된다.

---

* 바뤼흐 스피노자Baruch Spinoza (1632-1677) - 네덜란드의 유대계 철학자. 신은 모든 자연 안에 머문다는 일원론적 범신론을 주장했고, 그것을 다룬 기하학적 순서로 증명된 윤리학, 《에티카Ethica》의 저자이다.
** 요하네스 콜레루스Johannes Colerus - 스피노자의 전기(1705)를 쓴 작가.

시대 Zeitalter

우리는 인간의 인식과 통찰력을 높이려고 분투하는 동안에 항상 시대의 저항을 느끼게 된다. 이건 인간이 끌고 가야 할 부담에 맞서 겨루는 것과 같다. 그 부담은 아무리 거세게 막아도 소용없이 우리를 무겁게 짓누른다. 우리는 비록 편견에 맞설 수밖에 없지만 그래도 진리는 내 편이라는 믿음으로 자신을 위로해야 한다. 그 동맹자인 시간이 다시 합류하는 날이 오면, 진리는 곧 완전히 승리할 것이다. 설령 오늘은 아니더라도 내일에는 반드시 이루어질 것이다.

*

나의 시대와 나는 서로 맞지 않는다. 이건 명백하다. 그러나 둘 중 어느 쪽이 후세의 법정 재판에서 이길 것인가?

신, 사람 Gott als Person

불교의 교리를 배우면 깨달음을 얻게 된다. 불경에는 세상이 무에서 창조되었다는 멍청하고 헛된 말도 전혀 없고 세상을 창조했다며 느닷없이 등장하는 사나이도 존재하지 않는다. 에잇, 요 빌어먹을 수다!

신, 조물주 Gott als Weltschöpfer

신이 이 세상을 만들었다면, 나는 신이 되고 싶지 않다. 당신들의 절망감이 내 심장을 찢어발길 테니까.

신, 철학 의 논제 Gott als Gegenstand der Philosophie

신은 근대 철학에서 **궁정의 조상** 가운데 최후의 프랑크족 왕들로, 더 편리하고 확실하게 자기 본령을 발휘하기 위해 달고 있는 공허한 이름에 불과하다.

신과 해학적 철학자 Gott und unsere Spaßphilosophen

우리 **해학적 철학자들**은 **신**의 존재성이 잘 알려져 있다고 생각하고 신에 비추어 세상사를 설명함으로써 그들이 뭔가 잘 해냈다고 여긴다. 하지만 신은 그의 **실존**과 **본질**에 비추어 보아 완전히 미지수 X, 즉 순전히 말로만 존재한다.

신학과 철학 Theologie und Philosophie

신학과 철학은 마치 양팔저울에 달린 두 개의 접시와 같다. 어느 한쪽이 아래로 기울어지면, 다른 한쪽은 위로 올라간다. 우리 시대의 불신앙이 커지면 커질수록 철학과 형이상학을 찾는 욕구는 갈수록 더 강해진다. 그래서 이제 드디어 나의 논리를 따라야 할 때가 왔다.

신학자 Theologen

의사는 인간의 매우 쇠약한 상태를 보고, 법률가는 매우 열악한 상태를 보며, 신학자는 매우 어리석은 상태를 본다.

잔인한 아름다움 Die grausamen Schönen

희망 없이 사랑에 빠진 연인은 잔인하게 아름답다는 점에서 오목 거울에 견줄 수 있다. 이 거울은 빛나고 불 붙이기 쉽고 또 형태를 일그러뜨리지만, 그 자체는 변함없이 차갑다.

암기 학습 Auswendiglernen

벌써부터 아이들이 주제를 이해하려 들지 않고 어떤 일에 대비해서 말로만 표현하는 데 만족하고 그 말을 외우기만 하려는 좋지 않은 습성에 젖어 있다. 이런 성향은 커서도 고스란히 남는다. 그래서 많은 학자들이 자신이 쌓은 지식을 잡동사니 말들로 온통 도배질하곤 한다.

야코프 몰레스호트[*], 긍정주의자 Jacob Moleschott, der Positivist

드디어 나는 몰레스호트의 《생명의 순환Kreis des Lebens》을 좀 읽을 수 있었다. (…) 만일 내가 이 책의 저자가 그 유명한 몰레스호트인지 몰랐더라면, 나는 이게 대학생도 아니고 해부학과 생리학에 대해 주워들은 어떤 이발사 견습생이 쓴 글이라고 생각했을 것이다. 이 책은 정말 너무 무지하고 거칠고 서투르고 융통성 없고 지나치게 많이 꼬여 있다.

언어 형태 Spracheform

보통 사람들은 기존의 관행을 벗어나서는 안 되고 언어를 개선하려는 시도도 하지 말아야 한다. 그런데 혹시 독일어는 법률의 보호 밖에 있는 천덕꾸러기인가? 다른 모든 허접쓰레기도 법의 보호를 누리는 판국인데, 도대체 이 언어는 법의 보호를 받을 가치도 없는 하찮은 것이란 말인가? 가련한 속물들이여! 도대체 독일어는 앞으로 어떻게 될는지(…)?

추하고 어리석은 얼굴 Gesichter - häßlich und dumm

대체로 정말 가련한 모습이다. 갈데없이 비열하고 천박한 기질인 데다 거칠고 편협한 판단력의 소유자라는 인상이 얼굴에 그대로 박혀 있는 사람들이 있다. 저런 얼굴로 어떻게 아직도 집 밖에 나갈 수 있는지 궁금하다. 차라리 가면을 쓰는 게 더 낫지 않겠나 싶다.

---

[*] 야코프 몰레스호트Jacob Moleschott (1822-1893) - 네덜란드의 생리학자, 속류 유물론의 대표적 논자. 생명을 기계적, 화학적으로 설명했으며, 특히 생각은 뇌 속의 인의 작용으로 인해 생긴다고 주장했다.

여성이 아니라, 여자! Nicht Frauen, sondern Weiber!

여자Weiber 대신에 **여성**Frauen이라는 말로 잘못 쓰이는데, 이는 언어의 변질을 보이는 사례이다. 이 단어는 갈수록 더 많이 쓰이고, 그래서 또다시 언어가 빈곤해졌다. 왜냐하면 라틴어로 여성은 uxor, 여자는 mulier이기 때문이다(소녀는 아직 여성이 아니고 여성이 되고 싶어 한다). (…) 여자는 이제 더 이상 여자라는 이름으로 불리는 걸 싫어한다. 이건 유대인이 이스라엘 사람, 재단사가 의상 디자이너라고 불리기를 원하는 것과 똑같은 이유에서이다. 상인들은 자기 상점을 아무개 사무실이라 이름 붙이고, 흔히 재밋거리나 농담이란 말 대신에 **유머**라는 말을 쓴다. 그것은 이른바 이름을 붙인 **낱말***에 더 비중을 두기 때문이다. 그런데 낱말은 붙여진 이름 자체가 아니라 그 이름이 드러내는 내용, 즉 일과 연관된다. 일에 붙은 이름 때문에 그 일의 가치가 낮아지는 게 아니라 오히려 그 반대이다 (…). 그런데 하다못해 여자들이 떠올리는 기발한 발상을 위해서라도, 독일어는 절대 단어 하나라도 더 줄어들면 안 된다. 그렇기에, 여자들과 천박한 오락 문학 작가들의 짓거리를 너그럽게 보아 넘겨서는 안 된다.

여자_아름다운 성 Die Frau - das schöne Geschlecht

성욕에 눈이 먼 남자 지식인만이 키가 작고 어깨가 좁으며 엉덩이가 큼직하고 다리가 짧은 여자를 아름다운 여성이라고 부를 수 있다. 왜냐하

---

* 여기서 '낱말Worte'은 사상과 감정의 표현으로서의 말이다. 라틴어 욱소르uxor는 결혼한 여자, 아내, 여성을, 물리에르 mulier는 여자 또는 아내를 뜻한다. 독일어 프라우Frau는 여성, 부인, 결혼한 여자, 여인을, 바이프Weib는 여자, 여성, 여편네(폄하) 등을 뜻한다. 이 명칭을 단어의 뜻에 따라 엄격하게 구별해 쓰기는 어렵다. 시대에 따라 쓰임새가 변하는 언어의 속성을 보여 주는 글이다.

면 그 욕정 속에 그가 말하는 모든 아름다움이 뭉쳐 있기 때문이다.

여자_제2의 성 Die Frau - das zweite Geschlecht

여자는 **열등한 성**이다. **모든** 면에서 뒤떨어진 제2의 성이므로 우리는 그 약점을 용납해야 한다. 그런데 여자에게 터무니없이 경외심을 갖는 것은 어리석을뿐더러 우리 자신을 그들의 눈앞에서 깎아내리는 것이다.

여자, 거짓말, 위장술 Frauen, Lüge und Verstellung

먹물 속에 곧잘 몸을 숨기는 오징어처럼 여자는 걸핏하면 위장술을 쓰며 거짓말 속을 헤엄쳐 다닌다.

*

인간은 모두 거짓말을 한다. 이미 솔로몬 시대부터 그렇다. 그러나 그 당시의 거짓말은 자연의 악덕이거나 순간을 모면하려는 일시적 충동이었지 아직 필연이나 법칙은 아니었다. 하지만 이제 거짓말은 여자들이 능란하게 구사하는 도구가 되었다.

*

진실하고 가식 없는 여자는 아마 존재하지 않을 것이다. 바로 그렇기에 여자는 다른 사람의 가식을 재빨리 알아챈다. 따라서 그들을 상대로 감히 거짓말할 엄두를 내는 것은 현명하지 않다.

여자란 도대체 Die Frau überhaupt

벌써 그 형상만 봐도 여자는 심오한 정신적 활동과 신체적 노동에 모두 부적합하다는 걸 알 수 있다. 여자는 행위가 아니라 고통을 통해서 삶의 빚을 갚는다. 여자는 출산의 진통을 겪고 자식을 보살피고 남편에게 복종해야 하며 남자를 참을성 있게 대하고 그의 기분을 돋우는 동반자여야 한다. 여자는 매우 격렬한 고통과 기쁨을 누리고 활발한 활동을 하도록 태어나지 않았다. 그 삶은 남자들의 삶보다 더 고요하고 밋밋하고 느긋하게 흘러가야 하고, 정말이지 더 행복하거나 더 불행하지 않아야 마땅하다.

여자와 관심사 Die Frauen und ihre Interessen

여자들에게는 음악, 시, 미술에 대해 정말 아무런 개념도 없고, 그렇다고 이를 받아들일 감성도 없다. 고상한 취미가 있고 감수성이 높은 척할 때도 있지만, 그건 허영심을 채우려는 헛된 시늉일 뿐이다. 바로 그렇기에, 여자는 어떤 것에도 **정말 객관적으로 관심 있게 참여**하기에 역부족이다. 내 생각에 그 이유는 이렇다. 남자는 어떤 일을 이해함으로써, 아니면 억지로라도 이해하려고 하면서 대체로 모든 일을 **직접** 통제하려 애쓴다. 그러나 여자는 언제 어디서나 순전히 **간접** 지배를 하는데, 그럴 때도 오직 자기가 직접 지배할 수 있는 남자를 수단으로 삼는다. 따라서 남자를 얻는 데 최고 가치를 두는 행위는 여자의 본성에 속하고, 나머지 사안에 관심 있는 척하며 동참하는 것은 겉치레로 꾸민 우회로일 뿐이다. 다시 말해, 여자들은 항상 교태를 부리고 남자를 기만한다. 일찍이 루소는, "대체로 여자는 예술을 사랑하지 않는다. 잘하는 것은 아무것도 없고 천

부적 재능도 없다."《달랑베르에게 보낸 편지》*, 문서 20)라고 말했다. 가상을 뛰어넘은 사람은 모두 이것을 알아챘을 것이다. 우리는 음악회, 오페라, 극장에서 여자들이 주목하는 방향이나 태도를 그저 한번 눈여겨보기만 하면 된다. 예컨대, 최고 걸작의 최고 장면이 연출되는 와중에 여자들이 어린애처럼 구김살 없이 계속 수다 떠는 모습을 좀 보라.

여자와 근시안 Die Frau und ihre Kurzsichtigkeit

인간은 이성적 판단력을 소유하고 있기에 동물과 달리 오로지 현재에만 살지 않고 과거와 미래를 조망하고 고려한다. 바로 여기서 인간의 조심성, 근심, 불안감도 생겨난다. 하지만 여자는 이성적 판단력이 약하기 때문에 어차피 그러한 판단력에 수반하는 장단점과는 별로 상관이 없다. 오히려 여자는 정신적 근시안과 본능적 이해력의 소유자이기에 가까운 데 있는 것은 잘 보지만, 시야가 좁아 멀리 있는 것은 보지 못한다. 여자에게는 부재하는 것, 과거의 것, 미래의 것이 모두 남자에게보다 훨씬 더 흐릿하게 비치기에 결국 낭비벽에 물들 때도 많은데, 가끔 제정신을 잃을 정도로까지 여기에 깊이 빠져들기도 한다. "여자는 원래 낭비를 잘한다."(메난드로스**, 〈모노스티코이〉, 97)라는 시구도 있지 않나. (…) 이 모든 성향에는 결점도 많지만 여자가 남자보다 현재에 더 잘 몰두할 수 있다는 장점도 있다. 따라서 여자가 자신의 현재 상태를 참고 견딜 만할 때는

---

* 《달랑베르에게 보낸 편지 Lettre à d'Alembert》 - 《앙시클로페디Encyclopédie》에 실린 달랑베르의 기사에 반대하여 1758년에 장 자크 루소가 쓴 에세이.

** 메난드로스Menandros(B.C.342?-B.C.291?)는 고대 그리스의 시인이자 극작가. 모노스티코이monostichoi는 한 줄로 된 그리스 시이다.

현재를 맘껏 잘 즐기게 되고, 그럴라치면 여자의 특성인 쾌활한 기운이 만발하는데, 이런 쾌활성은 걱정에 눌려 사는 남자의 기분을 풀어 주기에 안성맞춤이다.

여자와 단결심 Frauen und Solidarität

남자들끼리는 원체 서로 무관심하지만, 여자들 사이에는 본디부터 적대감이 흐른다. (⋯) 여자들은 길에서 서로 마주치기만 해도 마치 교황당*(겔프)과 황제당(기벨린)처럼 독기를 내뿜는다.

여자와 돈 Frauen und Geld

여자들은 남자의 임무는 돈을 버는 것이고 여자의 임무는 돈을 쓰는 것이라고 철석같이 믿는다. 그것도 웬만하면 남자가 살아 있을 때, 아니면 최소한 그가 죽고 나서 그렇게 되기를 바라는데, 여자는 남자에게 생활비를 건네받을 때부터 벌써 이런 생각에 골몰한다.

여자와 사회적 위상 Die Frauen und ihre Stellung in der Gesellschaft

여자들이 내보이는 극단적 징후를 보면, 오늘날 여성의 위상이 얼마나 뒤틀려 있는지를 확연히 알 수 있다. 이는 우리의 사회 상태가 드러내는

---

* 교황당Guelf - 중세 후기의 이탈리아에서 로마 교황과 신성 로마 제국 황제가 대립했을 때 황제당Ghibelline에 대항한 교황 옹호파.

근본적 결점으로, 이 결점은 이 사회의 중추에서 생겨나서 전체로 계속 번져 가며 부정적 영향을 끼친다.

여자와 소명 Die Frauen und ihre Bestimmung

여자들은 근본적으로 오직 자기 성별을 퍼뜨리기 위해서 존재하며, 이 일에 헌신하는 것이 그들의 소명이다. 그래서 여자들은 항상 개인이 아니라 집단으로 몰려 지내고 개인사보다 집단에 관련된 일을 더 진지하게 마음에 새긴다. 이 때문에 여자들의 모든 본질과 행위는 어째 좀 경솔하게 되고 남자들의 본질이나 행위와는 근본적으로 방향을 달리한다. 어차피 부부간의 견해차도 점점 커지는데, 이건 보기 흔하고 매우 정상적인 현상이다.

여자와 쇠락 Frauen und Verfall

여자들은 근대 세계가 문둥병에 걸려 맥을 못 추게 만드는 데 최대한 기여했다.

여자와 예술 방면의 성과 Die Frauen und ihre Leistungen in der Kunst

세상에서 가장 탁월한 여자도 예술 세계에서 정말 유일하고 위대하고 참되고 독창적인 성과를 달성하거나 불변의 가치가 있는 작품 하나를 세상에 선보이지 못했다. (…) 약간의 개별적 예외도 이 사실을 바꿀 수 없다.

여자와 위증 Frauen und Meineid

여자들은 법정에서 남자들보다 훨씬 더 자주 위증을 한다. 대관절 왜 여자들에게 법정 선서를 허용해야 하는지 참으로 의문이다.

여자와 자녀 Frauen und Kinder

나는 여자와 자녀를 **남자의 소유물**에 포함시키지 않는데, 그건 남자가 여자와 자녀에게 훨씬 더 많이 점유되기 때문이다.

*

여자가 보모나 가정 교사로 적합한 것은, 그들이 어리석고 유치하며 한 치 앞을 내다볼 줄 모르기 때문이다. 한마디로 여자들은 평생 덩치만 큼직한 어린이로 남는데, 이는 인간 본연의 상태라기보다는 어린이와 남자 사이에 놓인 일종의 중간 상태이다. 따라서 어떤 소녀가 어린이와 함께 장난치고 춤추고 노래하면서 얼마나 시간을 잘 보내는지를 지켜보거나 어떤 남자가 그 소녀와 역할을 바꿨을 때 기껏해야 잘할 수 있는 게 뭔지 상상만 해 봐도 이를 쉽게 확인할 수 있다.

여자와 자연의 무기 Die Frau und die Waffen der Natur

자연은 젊은 여자를 통해 희극적 의미에서 화려한 무대 효과를 노리는 것 같다. 여자는 자신에게 남은 인생을 담보로 젊고 짧은 몇 년 동안 흐드러진 아름다움과 매력과 풍만함으로 삶의 무대를 장식하여 남자의 환상을 부채질하고, 이에 흠뻑 빠져든 남자는 결국 어떤 형태로든 간에 일생 동안 여자를 돌보고 부양하는 의무를 성실히 받아들일 마음을 먹게 된다. 그런데 남자가 이런 선택을 하는 까닭은, 설령 자신이 암만 이성적으로 판단한다 해도 어차피 확실히 보장받을 것이라고는 하나도 없을 게 뻔해 보이기 때문이다. 자연은 다른 모든 여자의 삶이 그렇듯, 이 젊은 여자의 남은 여생도 보장받을 수 있도록 그녀에게 일정 기간 동안 이런저런 무기와 도구로 채비하게 하고, 평소의 절약 습관도 버리지 않도록 조처한다. 그런데 마치 교미가 끝난 다음에는 쓸모 없어진 날개를 잃는 암개미처럼, 다시 말해 알을 낳고 부화시키는 데 거추장스러운 날개를 떼어 내는 여왕개미처럼, 여자들의 아름다움은 한두 번 출산을 치르고 나면 서서히 시들게 마련이다. 어쩌면 출산 탓에 아름다움이 사라지는 것일지도 모른다.

*

신체적으로 남자보다 약자인 여자는 원래부터 힘보다 술책에 더 많이 의존한다. 여자는 본능적으로 교활한 성향과 줄곧 거짓말하는 습성에 젖어 있다. 마치 날카로운 발톱과 이빨을 지닌 사자처럼, 상아를 단 코끼리처럼, 엄니를 단 수퇘지처럼, 뿔을 단 황소처럼, 먹물을 흩뿌리는 오징어처럼 자연은 여자에게 자신을 보호하고 방어할 수 있도록 위장술로 무장시켰다. 자연이 남자에게 신체적 힘과 이성으로 선사한 모든 힘을 여자에게는 이러한 재능으로 사용하도록 배려했다. 여자의 위장술은 천성적인 것이기 때문에 똑똑한 여자에게나 어리석은 여자에게나 그 수준이 거의 비슷하다. 언제라도 위장술을 쓰는 것이 여자들에게는 아주 자연스러운 행위이다. 이는 마치 모든 동물이 공격을 할 때 자신이 갖춘 무기를 쓰면서 뭔가 자기 권리를 조금 당연히 행사하는 듯이 느끼는 것과 같다.

여자와 재산 Frauen und Vermögen

매우 드문 경우를 빼고 여자들에게는 모두 낭비하는 습성이 있다. 따라서 그녀가 스스로 축재한 희귀한 경우가 아니라면, 지금 있는 재산은 모두 여자들의 어리석은 행위로부터 안전하게 지켜져야 한다.

여자와 정의 Frauen und Gerechtigkeit

여자는 판단력이 약하기 때문에 일반 **원칙**을 이해하고 준수하고 그걸 기준으로 방향을 잡는 데 남자들의 능력을 따라잡지 못한다. 정의라는 미덕, 신의와 양심도 대체로 남자보다 뒤떨어진다. 따라서 여자는 불의와 허위라는 죄악에 빠지기 쉽고, 또 원래부터 거짓말도 잘한다. (…) 여자가 판사직을 맡는 것은 생각만 해도 헛웃음만 나온다.

*

여자는 정의, 신의, 양심 면에서 남자보다 뒤처진다. 이해력이 부족해서 현재, 명약관화한 사실, 또는 급박한 현실에 곧장 빠져들기 때문이다. 반면, 추상적 사고를 하고 원칙을 세우고 확실한 결단을 내릴 능력은 거의 없다. 더욱이 과거와 미래, 현재에 결핍된 것과 아직 멀리 동떨어져 있는 것을 고려할 수 있는 여자는 정말 드물다.

여자와 정치 Frauen und Politik

만일 프랑스에서 루이 13세 이래 궁정과 정부가 점차 부패하여 최초의 혁명을 불러왔고 결과적으로 대변혁이 잇따르게 된 이유가 바로 여자들의 영향력이 계속 커진 바람에 생긴 일이 아니라면?

여자와 지배권 Frauen und Herrschaft

여자의 천성은 복종하는 것이라는 사실은 자연을 거스르는 상태인 완전 독립을 누리던 여자가 남자와 함께 살림을 차리자마자 금방 그에게 좌우되고 눌려 사는 것을 스스로 용납하는 것만 봐도 알 수 있는데, 그건 여자에게 주인이 필요하기 때문이다. 그런데 젊은 여자에게는 애인이, 늙은 여자에게는 고해 신부가 그 역할을 맡는다.

여자와 지성 Frauen und Intelligenz

여자 입장에서 보아 지성이 없는 것은 그리 대수롭지 않다. 오히려 강인한 정신력이나 천재성이 비정상적 상태보다 더 시원찮게 비칠 수도 있다. 따라서 우리는 아주 못생기고 어리석고 거친 남자가 훤칠하게 잘생기고 재기 발랄하며 상냥한 남자를 제치고 여자들을 차지하는 경우를 자주 본다.

여행 Tourismus

최저 등급의 문명 형태인 **유목 생활**이 요즘 **생활 체험 관광**으로 변질되어 가장 인기 있는 여행 유형으로 다시 주목받고 있다. 그런데 유목 생활은 **궁핍한** 탓에, 관광객을 위한 현장 체험은 **권태로운** 탓에 고안되었다.

여행객 Touristen

여행객들은 흔히 관광 명소에 자기 이름을 써 붙이는데, 여행지를 그저 둘러보기만 해서는 별다른 감흥을 느끼지 못하기 때문에 그런 행위로 좋은 기분과 반응을 느끼려 한다.

영국인과 교회 Die Engländer und die Kirche

일찌감치 종교적 믿음에 면역된 당신의 눈으로 영국인들을 가까이서 살펴보라. 그들이 선천적으로 다른 모든 민족보다 선호하는 것이 무엇인지 보라. 비슷한 성향을 띠는 다른 모든 민족보다 더 높은 지성, 정신, 판단력, 강한 성격을 소유했으면서도 어리석은 교회의 미신에 젖어 다른 민족보다 훨씬 더 과소평가받고 경멸의 대상으로 전락한 것을 보라. 이런 교의적 미신은 그들의 다른 많은 능력들 틈에 마치 일부일처제 같은 요지부동의 망상처럼 끼어 있는 듯하다. 그들이 이렇게 된 것은 성직자들의 그늘 아래에서 자랐기 때문이다. 성직자들이 맡은 임무는 자라는 아이들이 어릴 때부터 이따금 국부적 뇌성 마비에 걸릴 정도로 온갖 교리를 주입하는 것이다. 그 결과 그들은 평생 어리석고 위선적인 믿음을 지껄이게 된다. 이 편협한 믿음 때문에 매우 이해심 많고 재기 발랄한 사람들조차 그들의 틈새에 끼어 격하되고, 우리는 그들에 대해 도저히 갈피를 잡을 수 없게 된다.

*

만일 누가 그 민족의 어리석고 천박한 거짓 믿음을 깔보며 얘기하면, 설령 아무리 일리 있는 말이더라도 그 사람은 자기 말에 동조하는 사람을

50명의 영국인 중에서 단 한 명도 찾지 못할 것이다. 암만 그래도 영리한 사람 한 명 정도는 어디에나 있게 마련이긴 하지만 말이다.

우리의 존재 Unser Dasein
우리의 존재는 오로지 인간적 과오에서 빚어진 결과와 벌받아 마땅한 욕망이지, 그 이상도 이하도 아니다.

*

존재는 무無의 에피소드이다.

우생학 Eugenetik
건달들을 모두 거세하고 멍청한 여자들을 깡그리 수도원에 가두고 고결한 인물들에게 하렘 전체를 제공하고, 또 지적이고 이해심 있는 여자들에게 모든 남자를 알선할 수 있다면, 페리클레스 시대를 능가하는 전성기를 누릴 한 세대가 머잖아 되살아날 텐데.

운명 Schicksal
'운명에 맞선 인간의 투쟁'이란 (…) 개념은 그 이유만 봐도 벌써 가소롭다. 왜냐하면 그건 마치 도깨비감투를 쓴 탓에 눈에 보이지 않는 상태로 적과 겨루는 투쟁과 비슷해서 허공에다 주먹질해 대는 셈이고, 마치 라이오스*와 오이디푸스에게 닥친 운명처럼, 그것을 피하려다가 오히려 완전히 걸려 나자빠지는 경우와 진배없기 때문이다. 운명은 전능하기 때문에 이에 맞서 싸운다는 것은 모든 주제넘은 짓 중에서도 가장 얼토당토 않은 일이다.

유대교와 동물의 무권리 Das Judentum und die Rechtlosigkeit der Tiere

이른바 동물의 무권리, 즉 동물에게 가하는 우리의 행위에는 도덕적 의미가 전혀 없다는 생각, 또는 도덕적으로 말해 우리가 동물에 대해 짊어져야 할 의무는 전혀 없다고 하는 정신 나간 생각은 바로 서양의 몰지각한 조야함과 야만성을 드러내는 것인데, 그 원천은 유대주의이다.

유대교의 자연 이해 Jüdische Naturauffassung

최소한 동물과 관련해서 유대교가 자연을 이해하는 방식은 이제 유럽에서 확실히 종말을 고할 시점에 이르렀다. **우리 속에 살아 있고 모든 동물 속에 살아 있는 영원한 존재**는 바로 그러한 존재 자체로 인식되고 보호되고 존중되어야 한다. 이걸 깨닫고 명심하라! 이것은 진심이고 한 치도 양보할 수 없는 사실이다. 설령 너희들이 유럽 전체를 유대교 회당으로 덮어 버린다고 해도 양보는 없다.

---

* 라이오스 - 그리스 신화에 나오는 테베의 왕이자 오이디푸스의 아버지. 오이디푸스는 라이오스가 친아버지인 줄 모르고 우발적으로 살해한다.

유대인 Die Juden

우리는 신으로부터 선택된 민족 역시 잊을 수 없다. 여호와의 엄중한 특별 명령에 따라 이집트에서 그 민족은 믿음직한 오랜 친구들에게서 빌린 금은 그릇들을 훔친 다음에, 살인자 모세를 필두로 살인과 약탈 행각을 저지르며 약속의 땅인 '계약의 땅'으로 들어섰고, 다시 계속 반복된 여호와의 강력한 명령을 좇아 살인과 약탈을 가차 없이 저질렀다. 그러면서 자기 민족을 구한다는 명목으로 그 땅의 합법적 주인을, 여자와 어린이까지 포함된 모든 주민을 잔인하게 처단했다.(《여호수아서》 10-11장) 그 주민들이 할례를 받지 않았고 여호와도 알지 못한다는 것이 그 이유였는데, 겨우 이것만으로 그들은 자신들이 저지른 온갖 잔혹한 행위를 변호하기에 충분하다고 여겼다. 이것은 예전에 족장 야곱과 그의 아들들이 세겜성의 추장 하몰에게 저지른 극악한 비행(《창세기》 34장*)이 우리에게 매우 자랑스럽게 전해지는 것과 똑같은 이유였다. 한마디로 그들은 신을 모르는 족속이었던 것이다.

융스틸링** Jung-Stilling

그런데 독실한 기독교 신자인 융스틸링이 그의 《유령 세계로부터의 장면들Szenen aus dem Geisterreich》(Bd. II, 장면 1, 15쪽)에서 다음과 같은 비유를 들 때는 정말 불쾌한 느낌이 든다. "해골이 지독하게 못생기고 좁쌀

---

* 《창세기》 34장은 하몰의 아들 세겜이 야곱의 딸 디나를 겁탈한 후에 결혼 신청을 했고, 그 수락 조건으로 할례를 받은 세겜 일가가 아직 상처로 고통받고 있을 때에 야곱의 아들들이 그들을 몰살했다는 내용이다.

** 요한 하인리히 융스틸링Johann Heinrich Jung-Stilling (1740-1817) - 독일의 안과 의사, 경제학자, 경건주의적 신비주의 소설가.

만 한 난쟁이로 갑자기 줄어들었다. 그건 이제 마치 커다란 왕거미처럼 보인다. 왕거미에 점화 렌즈의 초점이 맞춰졌고 지금 고름 같은 피가 뜨거운 불길 속에서 쉿 소리를 내며 끓어오르고 있다." 이른바 신의 자식인 그가 이런 가증스러운 짓을 했다. 참관자 자격으로 이 실험을 옆에서 그저 지켜보기만 했다 쳐도 이 역시 파렴치하기는 마찬가지이다. 그렇다, 그는 그게 그다지 나쁜 짓이라고 여기지 않기에 그 일화를 스스럼없이 전하는 것이다! 이것은 바로 〈창세기〉 1장, 그리고 특히 유대인이 자연을 이해하는 방식 전체가 빚어낸 효과다. (…) 당신들의 턱없이 완전한 도덕률을 제발 좀 접어 두시구려.

의지 Der Wille

성적 충동은 삶에 대한 의지의 핵심이고 모든 욕구가 농축된 것이다. 따라서 책을 쓰면서 나는 성기를 의지의 초점이라 불렀다.

어원학 정신에서 파생된 이성의 예언자 자격 Prophetentum der Vernunft aus dem Geiste der Etymologie

심지어 하찮은 농담마저도 **이성의 예언자 자격**에 이르는 단계에 도움이 되어야 한다. 왜냐하면 **이성** Vernunft이라는 단어는 **들어서 알다** vernehmen라는 단어에서 파생되었기 때문인데, 이성은 이른바 구름에서 형상을 찾는 행위인 **네펠로코쿠기아***(구름뻐꾸기집) 같은, '초월적이고 신비한 것'

---

* 네펠로코쿠기아 Nephelokokkugia – 고대 그리스 극작가 아리스토파네스의 《새들Ornithes》에서 유래한 말. 쇼펜하우어는 구름에서 형상을 찾는 행위를 '구름뻐꾸기집'이라 표현하였다.

을 **알아들을 수 있는** 능력이라고 한다. 이 발상은 굉장히 긍정적인 갈채를 받았고 독일에서는 30년에 걸쳐 끊임없이 반복된 끝에 철학적 학문 체계의 주춧돌이 되었다. 물론 **이성**은 **들어서 알다**에서 파생되고 동물보다 인간에게서 더 높은 위상을 차지하는 것은 분명한데, 그건 인간이 그저 **들을 수 있을** 뿐만 아니라 **들어서 알 수 있다**는 점에서 그렇다. 즉 네펠로코쿠기아에서 생기는 일이 아니라, **어떤** 이성적인 인간이 다른 사람에게 말하는 것을 이 사람이 제대로 **듣고 알게** 되는 것이다. 그리고 이 능력을 일컬어 **이성**이라고 한다.

익명의 비평가 Anonyme Rezensenten

익명의 비평가는 자신이 다른 사람들과 그들의 일에 대해 세상에 알리기도 하고 때로는 침묵한다는 사실을 외부에 **드러내려 하지 않기** 때문에 자기 이름을 대지 않는다.

*

익명의 비평가는 사기 칠 속셈이 가득한 협잡꾼으로 치부될 수도 있다. 이런 꺼림칙한 기분을 피하려고 비평가들은 **정직한** 문예 신문에 글을 실을라치면 본명을 쓴다.

*

남을 공격할 때면, 미스터 익명은 예사롭게 미스터 협잡꾼이 된다

*

그러므로 야비한 문학적 행위에 붙여진 **익명성**이라는 명찰을 모조리 떼어 내야 한다. 문예 신문들은 익명성 사용을 비호하려는 핑계를 대면서

저자들과 그 후원자들의 원성을 사지 않도록 대중을 위한 경고자인 성실한 비평가를 보호해야 한다고 주장한다. 또한 자기 주장을 직접 대변할 수 없는 사람들이 나 몰라라 하며 아예 책임을 회피하는 사례도 빈번하다. 출판업자가 주머닛돈을 챙기려고 저질의 책을 독자들에게 추천하는 것 같은 매수 행위도 많고, 비열한 활동을 은폐하려는 시도를 감싸고도는 사례도 흔하다. 또한 비평가가 애매한 입장을 취하거나 영향력도 없고 무능력한데도 이를 감추는 데 한몫하는 경우도 많다. 비평가는 기막힐 정도로 파렴치하다. 그들이 익명성이라는 그늘 밑에서 안전하다고 느끼기라도 할라치면 어찌나 거침없이 문학적인 기만행위를 저지르는지 기가 막힐 정도이다. 그런데 만병통치약이 있듯이, 나쁜 책을 호평했든 좋은 책을 혹평했든 간에 익명으로 쓰인 모든 비평에 맞서는 **만병통치 반反비평**도 있다. 이런 반비평 역시 비평 못지않게 많다. "협잡꾼아, 정체를 밝혀라! 복면을 뒤집어쓰고 위장한 채 솔직하게 터놓는 사람들을 기습하다니. 정직한 사람이라면 이런 짓을 할 리가 없다. 그건 비열한 자와 협잡꾼이나 하는 짓이다." 그러니까, "사기꾼아, **정체를 밝혀라!**"(…) 만일 복면을 한 사람이 군중 앞에서 장광설을 늘어놓거나 집회에서 연설하려 든다면 누군들 시달리지 않겠나? 게다가 그가 다른 사람들을 공격하고 한없이 질책한다면? 결국 그는 다른 사람들의 발길질을 피해 문밖으로 뛰쳐나가려 하지 않겠나?

*

익명으로 글을 쓰거나 논박하는 사람에게는 독자를 기만하거나 타인의 명예를 훼손할 의도가 있다. 그런데 바로 이 사실 때문에 스스로를 수상쩍게 만든다. 따라서 익명의 비평가가 하는 언급에는 모두, 심지어는 매우 부수적일뿐더러 질책이 섞이지 않은 언급에조차도 '이러이러한 곳의 비겁한 익명의 무뢰한' 또는 '그 잡지에 기고하는 익명의 불한당' 등의 칭호가 붙여져야 할 것이다. 이것은 그들에게 정말 잘 어울리고 적당한 표현이다. 그 패거리들의 작업을 빛바래 보이게 할 것이기 때문이다.

*

익명의 비평가들이 저지르는 특히 기막히게 부적절한 행위는 그들이 마치 군주라도 되는 듯이 자신을 짐Wir이라고 일컫는 것이다. 사실 그들은 본인을 단수로 표현해야 할 뿐만 아니라 축소형, 말하자면 겸양어를 써야 할 것이다. 예컨대, '저의 가련한 부족함, 저의 나약한 노회함, 저의 하찮은 무력함, 저의 보잘것없는 누추함' 등의 표현이 적당하다. 그래서 '문예 신문'의 음침한 구석에서 쉬쉬하며 조소하는 음흉한 비평가이며 가면을 뒤집어쓴 사기꾼들에게 이 범죄적 행위에 마침내 종지부를 찍어야 한다고 요구하는 것은 당연하다.

*

나는 익명의 비평가 소굴보다 노름판이나 유곽을 책임지는 편을 기꺼이 택하겠다.

인간_길들여진 맹수 Der Mensch - ein gebändigtes Raubtier

우리가 무정부주의적 상황을 다룬 범죄 소설과 저술을 읽는 이유는 도덕적 관점에서 본 인간의 본질이 어떤지 궁금하기 때문이다. 저기 우리 눈앞에서 평화롭게 뒤섞여 교류하는 많은 인간들은 마치 날카로운 이빨에 튼튼한 입 가리개를 씌운 수많은 호랑이나 늑대와 똑같다고 하겠다.

인간_독Der Mensch - ein Gift

이른바 인간이란, 거의 일반적으로 비소를 약간 넣고 멀겋게 끓인 국이다.

인간_사회적 존재Der Mensch - ein geselliges Lebewesen

매섭게 추운 겨울날에 멧돼지 한 무리는 얼어 죽지 않으려고 서로 바짝 붙어 옹기종기 모여 섰다가 뾰족한 가시가 성가시게 느껴지면 다시 멀찍이 떨어졌다. 그러고는 몸을 덥혀야 할 욕구가 생겨날 때마다 이 불편한 행위를 되풀이했다. 이 멧돼지들은 서로를 견뎌 낼 수 있을 만큼 적당한 거리를 두게 될 때까지 두 가지 고통 사이에서 이리저리 휘둘렸다. ─ 이 이야기처럼 인간은 자기 내면의 공허감과 권태감에서 생겨난 사회적 욕구를 채우려 서로 가까이 접근하지만 본인들의 까다로운 성질과 견디기 어려운 오류에 부대껴서 다시 서로 멀어진다. 그런데 그들이 마침내 찾아내는 중간쯤 되는 거리, 즉 그 지점에서 서로 어우러져 지낼 수 있을 만한 거리는 바로 정중한 행위와 고상한 관습이다. 영국에서는 자기와 이만큼 충분히 떨어져 있지 않은 사람을 향해 "거리를 두시오!Keep your distance!"라고 외친다. 따라서 그 사람에게는 서로 몸을 덥히고자 하는 욕구가 제대로 충족되지는 않지만 그래도 가시에 찔리는 느낌은 들지 않는다. 그러나 원래부터 내면에 열이 많은 사람은 오히려 이 사회와 거리를 두고 멀찍이 떨어지는 편을 선호한다. 그건 남에게 불편을 끼치기도 싫고 그렇다고 불편을 감수하고 싶지도 않기 때문이다.

인간_시계의 기계 장치 Der Mensch - ein Uhrwerk

끊임없이 흐르는 인생이 대부분의 인간에게 외면적으로 얼마나 볼품없고 무의미한지, 또 내면적으로 얼마나 둔감하고 무분별한지 정말 믿기지 않을 정도이다. 인생은 미미한 동경이고 고통이다. 죽을 때까지 삶의 네 단계에 걸쳐 계속 이어진 일상적 생각의 끈을 따라가며 몽환에 젖어 있는 상태이다. 인간은 시계의 기계 장치와 비슷하다. 태엽이 감기면 왜 그러는지 모르면서 그저 돌아간다. 한 인간이 잉태되고 태어날 때마다 인생 시계의 태엽이 새로 감긴다. 그건 이미 수없이 연주된 칠현금 곡을 지금부터 다시 반복하기 위해서이다. 한 악절 또 한 악절, 한 박자 또 한 박자, 무의미한 변화를 주면서 되풀이하려는 것이다.

인간_이기적 존재 Der Mensch - ein egoistisches Lebewesen

이기주의는 인간과 동물에 똑같이 내재한 주요한 기본 욕구이다. 이는 존재하려는 욕구이고 복지를 추구하는 욕구이다. (⋯) **이기주의**는 동물에게나 인간에게나 모두 그들의 가장 내면적인 핵심 및 본질과 한 치도 어긋나지 않게 맞물려 있다. 한마디로, 기본적으로 똑같다. 따라서 일반적으로 모든 행위는 이기주의에서 비롯되며, 우리는 항상 이기주의로부터 어떤 특정한 행위에 대한 해명을 찾아낼 수 있다. 사람을 어떤 목적을 달성하는 쪽으로 끌고 가려고 유도함으로써 모든 수단을 타산적으로 따질 때 이기주의를 그 이유로 내세우는 것도 바로 그런 예이다. **이기주의**는 원래 끝이 없다. 인간은 무조건 오래 살려 하고, 온갖 결핍과 궁핍에서 비롯된 고통에서 무조건 벗어나고자 하고, 평안한 상태를 최대한 누리려 하고, 또 쾌락을 만끽하고 연장할 수 있는 새로운 능력을 스스로 개발하려 애쓴다. 그리고 자기의 이기주의적 의도와 행위에 방해된다고 여겨지는 것에는 뭐든지 불만과 울분을 토로하면서 그걸 적으로 삼아 없애려 한다. 인간은 가능하면 뭐든지 즐기고 소유하려 하지만, 실제로는 그것이 불가능하기 때문에 최소한 그 위에 군림하려 한다. "모든 것은 나를 위한 것이다. 남을 위한 것은 하나도 없다."라는 게 인간의 좌우명이다. 이기주의는 엄청나다. 그건 세상보다 훨씬 더 크다.

인간_인형 Der Mensch - eine Puppe

때때로 나는 사람들과 얘기할 때 마치 어린애가 자기 인형한테 말하는 것처럼 한다. 물론 인형이 말을 알아듣지 못하는 걸 알지만, 편안한 자기기만인 줄 뻔히 알기에 그렇게 하면서 오히려 소통의 즐거움을 느낀다.

인간_자연 속의 치욕 Der Mensch - ein Schandfleck in der Natur

세상에서 거짓말하는 존재는 **하나**뿐인데 그건 바로 **인간**이다. 그 밖의 모든 존재는 자기를 있는 그대로 솔직히 드러내고 느끼는 대로 표현한다는 점에서 진실하고 올곧다. 이 기본적 차이를 우의적이고 비유적으로 표현하자면 다음과 같다. 즉 모든 동물은 원래 생겨난 대로 자연스럽게 돌아다니고, 그래서 그 모습을 보면 마음이 편안하다. 특히 나는 자유로운 상태의 동물을 볼 때마다 기분이 환하게 밝아진다. 반면에 인간은 옷을 걸쳐 입어 혐오스러운 몰골을 한 괴물이 되었고, 그 때문에라도 불쾌한 인상부터 풍긴다. 게다가 부자연스러운 하얀 피부색, 자연법칙을 거스르는 육식 섭취, 알코올, 담배, 풍기 문란한 생활과 질병에 따른 역겨운 결과로 더욱 몰골이 매우 사납다. 인간만이 자연 속의 치욕으로 우두커니 서 있다.

인간과 동물 Der Mensch und die Tiere

나의 개는 정말 영리할 때도 있고 한없이 멍청할 때도 있는데 그때마다 내가 얼마나 자주 놀라는지 모른다. 나는 인간에 대해서도 역시 이와 똑같이 놀라움을 금치 못한다. 인간의 무능력, 완전한 무분별성, 잔학한 행위는 나를 수없이 격분시켰고, "인간의 어머니와 유모는 정말 멍청하다."라는 옛 탄식의 말이 터져 나오게 했다.

*

세상은 형편없는 졸작이 아니고 동물은 우리가 소비하기 위한 가공품이 아니다. (…) 나는 광신자와 성직자 나부랭이들에게 이 생각에 크게 반대하지 말라고 충고한다. 왜냐하면 이번에는 **진실**뿐만 아니라 **도덕**도 우리 편에 있기 때문이다.

인간애 Menschenliebe

나는 (이기주의의) 비도덕적 함축성을 드러내는 강력함을 에두르지 않고 표현하기 위해 이기주의의 범주를 압축적으로 묘사하려고 했다. 따라서 정말 강도 높은 수사적 과장법을 찾은 끝에, "많은 사람이 오로지 사람에게서 짜낸 기름을 장화에 발라 문지르기 위해 살인을 저지를 결심을 할 수도 있다."라는 표현을 생각해 냈다. 그런데 이런 생각을 하면서도 나는 이 또한 정말 수사적 과장이 아닐까 하는 의구심을 완전히 떨칠 수 없었다.

인간의 존엄성 Die Würde des Menschen

일찍이 칸트가 말한 '인간의 존엄성'이란 표현은 어느새 어설프고 무분별한 도덕주의자들이 한결같이 내거는 표제어로 전락했다. 그들은 본인에게 진정한 도덕의 기초가 부족한 것을, 또는 최소한 뭔가 의미 있는 도덕의 기초가 결여된 것을 '인간의 존엄성'이라는 탁월한 표현 뒤에 잘도 숨겨 놓았다. 게다가 독자들도 존엄성이란 말에 기꺼이 매료되는 걸 보고는 그걸로 계속 만족시키면 될 것 같다고 약삭빠르게 머리를 굴린다.

인도·게르만어족 Das Indogermanische

우리는 고전 독일어에 대해 전혀 모르지만, 짐작건대 그건 서로 공통점이 거의 없었을망정 그래도 우리와 같은 민족이었던 고트족이 쓴 언어였을 것이다. 최소한 언어를 기준으로 분류한다면, 우리는 이른바 고트인*이다. 그런데 나는 인도·게르만어족이라는 말을 들으면 정말 화가 나는데, 이는 신성한 산스크리트어를 곰가죽을 뒤집어쓴 게르만족이 사용하는 방언과

---

* 고트인Goten - 게르만족의 한 갈래.

똑같이 취급하는 것이기 때문이다.

인생 Das Leben

인생은 비눗방울과 같아서 우리는 그걸 되도록 오래 유지하고 부풀리지만 결국 터져 버릴 게 뻔하다.

*

인생은 고통과 권태 사이에서 이리저리 흔들리는 추와 같다.

*

대부분의 인생은 결국 패할 것이 뻔한, 존재 자체를 둘러싼 끝없는 투쟁이다.

*

인생은 암초투성이에다 소용돌이 같은 파도가 철철 넘치는 바다이다. 인간은 이를 매우 조심스럽고 꼼꼼하게 피해 간다. 물론 그는 설령 죽을힘을 다해 요령 있게 헤쳐 갈 수 있다 해도, 그 자체가 바로 앞으로 조금씩 더 나아가는 행위이기에 자기에게 더 크고 파괴적이며 피할 수 없는 침몰의 위험이 점점 더 가까이 닥쳐오고 있다는 것을 잘 안다. 그야말로 그가 죽음을 향해 직진하고 있다는 사실을 아는 것이다. 즉 죽음은 무진장 힘든 항해의 마지막 목표이고, 그가 여지껏 피해 왔던 암초를 모두 합친 것보다 훨씬 더 나쁘다.

*

모든 인간의 삶은 소망과 성취 사이를 뚫고 계속 흘러간다. 소망의 특성은 고통이다. 즉 성취는 금방 포만감으로 채워졌고 목표는 허상에 불과했다. 소유는 자극을 잠재우지만, 소망, 즉 욕구가 새로운 형상으로 다시 솟아오른다. 욕구가 비워진 공간은 적막, 공허, 권태감으로 채워지는데, 이걸 이겨 내려는 싸움은 위기를 떨쳐 내려는 싸움과 똑같이 고통스럽다.

*

각 개인의 인생은, 설령 대충 지나치면서 거기서 가장 의미 있는 특성들만 가려낸다 해도, 원래부터 항상 비극이다. 하지만 개별적으로 더 자세히 살펴보면, 인생 속에는 희극적 요소도 군데군데 많이 섞여 있다.

*

인생은 아이에게나 어른에게나 모두 끊임없는 속임수라는 사실이 밝혀진다.

*

인생은 해악이다. 인생은 존재를 숨기는 덮개이고 의지가 질질 끌고 가는 짐이다! 인생은 쇠락이고 가장 큰 원죄이다.

*

인생은 주어진 일을 마르고 닳도록 치러 내야 하는 과제이다. 따라서 위기를 극복하려는 끝없는 싸움이라는 것이 대체로 밝혀진다. 그래서 누구나 인생을 어떻게든 잘 뚫고 빠져나오려 애쓴다. 마치 빚 대신 치러야 하는 부역처럼 그는 인생을 해치우려 한다. 그런데 누가 이 빚을 내었나? 그건 바로 육욕에 빠진 그의 아버지이다. 아비가 관능적 쾌락을 즐긴 대가로 자식이 인생을 고통스럽게 살다가 죽어야 하는구나.

*

엄밀히 말해 인생은 **엄격한 교훈**이다. 물론 이와 전혀 다른 목표를 세운 우리의 사고방식으로는 이해가 안 되지만, 어쨌든 이 교훈은 우리가 어떻게 그걸 필요로 하게 될지 알려 줄 것이다.

인쇄공과 식자공 Drucker und Setzer

작은 활자의 크기를 규정하는 최소한의 규칙이 있다. 보건 경찰은 인쇄공과 식자공의 눈을 보호하기 위해 이 규칙이 잘 준수되는지 감시해야 한다.

일간 신문 Tageszeitungen

일간 신문은 역사의 초침이다. 그런데 초침은 대개 저질의 금속으로 생산되었을 뿐 아니라 제대로 맞게 돌아갈 때도 드물다.

일부다처제와 장모님들 Polygamie und Schwiegermütter

일부다처제의 많은 장점 중에는 아마도 남자가 처갓집과 상당한 거리를 두기에 유리하다는 것도 있다. 특히 요즘에는 장모와 가까이 지내는 게 싫어서 결혼 자체를 기피하는 경우가 허다하다. 그래도 장모가 한 명보다는 열 명인 것이 훨씬 더 낫다!

일부일처제 Monogamie

남녀 관계란 관점에서 보아 유럽만큼 비도덕적인 대륙은 찾아 볼 수 없는데 이는 자연법칙에 어긋나는 일부일처제 탓이다.

*

아내가 만성 질환을 앓거나 아이를 낳지 못하거나 남편이 볼 때 너무 늙어 버렸는데도 왜 남자가 둘째 부인을 얻으면 안 된다고 하는지 암만 이성적으로 판단해도 이해할 수 없다.

*

런던에만도 창녀가 무려 8만 명이 있다. 일부일처제 사회에서 엄청난 손해를 보게 된 여자들, 즉 일부일처제라는 제단 위에 바쳐진 진정한 인간 희생물은 바로 이들이 아닌가?

*

일부다처제를 놓고 더 이상 **서로 논쟁할** 것 없이 이를 기정사실로 받아들여야 하며, 이젠 오로지 그 제도를 **조절**하는 일만 남았다. 도대체 어디에 진정한 일부일처제가 존재하는가? 우리는 너 나 할 것 없이 **최소한** 일정 기간 동안, 하지만 대부분 항상 일부다처제 형태로 살아간다. 어차피 남자에게는 많은 여자가 필요한 게 현실이기 때문에 차라리 그에게 많은 여자들을 뒷바라지하게끔 자유로이 맡기고, 더 나아가 그럴 의무를 지우는 것이 가장 올바른 일이다. 그럼으로써 여자도 자신의 올바르고 자연스러운 위상인 남자의 종속적 존재라는 상태로 복구되고, 유럽 문명과 기독교적이고 게르만적인 우둔함이 낳은 괴물일 뿐만 아니라 존중과 영예를 가소롭게 요구하는 이른바 **숙녀**들도 이 세상에서 사라지게 될 것이다. 그래서 오직 **여자**만 남게 될 것이다. 이제 유럽은 더 이상 **불행한 여자**가 아닌 **보통 여자**들로 북적거리게 될 것이다.

일신교 Monotheismus

오직 일신교에서만 볼 수 있는 본질적 요소는 비관용이다. 유일신은 본성적으로 질투가 많은 신으로 아무에게도 삶을 잘 누리라고 허락하지 않는다.

입헌 군주 Konstitutionelle Könige

입헌 군주들은 에피쿠로스*의 신들을 확실히 닮았다. 그들은 인간사에 끼어들지 않고 온전한 희열과 평온감에 젖어 하늘 높이 앉아 있다.

* 에피쿠로스Epicouros (B.C.341-B.C.270) - 그리스 사모스섬 출신의 쾌락주의 철학자.

자식 사랑 Liebe zu den Kindern

원래 모정은 동물에게나 인간에게나 모두 순전히 **본능적**이라서, 자식이 신체적으로 전혀 의지할 곳 없는 상태를 벗어나게 되면 끊기게 마련이다. (⋯) 자녀에 대한 아버지의 사랑은 이와 다른 식이고 더 오래간다. 아버지의 사랑은 자식 속에서 자기 본연의 가장 내면적인 자아를 다시 알아보는 데서 생겨난다. 따라서 그 사랑의 원천은 형이상학적인 것이다.

자연Natur

자연Natura이란 말은 올바른 표현이지만 완곡한 표현이기도 하다. 그것은 당연히 **무상無常의 땅**Mortura*이라고도 부를 수 있겠다.

---

* 쇼펜하우어는 세계가 저절로 생겨났으며 자연의 이치가 그것을 퍼뜨리고 다시 거두어들이는 것이라는 불교의 자연 이해 방식을 지지한다.

자유 Freiheit

'인륜적 자유'라는 기치 아래, **무차별성의 자유 의지** Liberum arbitrium indifferentiae라는 표현은 철학 교수들이 가장 좋아하는 장난감 인형이다. – 이를테면, 명민하고 성실하며 올곧은 그들에게 이건 무조건 인정해 줘야 한다.

작가 Schriftsteller

작가들은 유성, 행성, 항성에 두루 비유할 수 있다. 유성은 순간적인 폭발 효과를 내는데, 사람들이 하늘을 우러러보며 "저기 좀 봐!"라고 외치는 참에 어느샌가 꼬리를 감춘다. 행성은 표류하고 방랑하지만 유성보다 훨씬 이성적이다. 행성은 지구 근처에서 돌기 때문에 항성보다 밝을 때도 많아서 잘 모르는 사람들은 가끔 항성과 혼동하기도 한다. 그러나 시간이 흐르면 행성은 머물던 자리를 떠나 포근한 빛의 여운만 남기고 다른 행성들(동시대인)과 궤도를 같이하면서 제 깜냥만큼 빛을 낸다. 행성은 돌고 도는데, 몇 년을 주기로 주행을 계속하는 것이 행성의 할 일이다. 오로지 항성만이 움직이지 않고 창공에 붙박여서 고유한 빛을 내고 변함없으며, 시차각이 없기 때문에 우리가 서 있는 위치를 바꿔도 모양이 변하지 않고 늘 한결같아 보인다. 항성은 다른 별과는 달리 **하나의** 체계(국가)에만 속하지 않고 세계 전체에 속한다. 다만, 하도 멀리 떨어져 있어서 지구에서 사람들이 그 빛을 볼 수 있을 때까지는 오랜 시간이 걸린다.

너절한 작가 Nachlässige Schriftsteller

너절하게 글을 쓰는 자는 무엇보다 스스로 자신의 사고에 별로 의미를 두지 않는다는 고백을 하는 셈이다.

*

다른 사람의 문장을 중간에서 끊어 문맥을 흩뜨리는 것은 몰지각한 행위라고들 하는데, 자기 문장을 스스로 중간에 한 번씩 잘라 내는 것 역시 이에 못지않다. 너절하고 급하게 갈겨쓴 허접한 글로 밥벌이를 하는 작가들은 몇 년 전부터 그런 구절을 한 장에 여러 번 쓰면서 우쭐대는 것 같다. 그런 서술 기법은 가능하면 규칙과 사례를 동시에 선보여야 한다는 원칙 아래, 어느 한 구절 속에 다른 구절을 끼워넣기 위해 원래의 구절을 중간에 자르는 것을 말한다. 이런 기법을 쓰는 까닭은 그들이 매우 게으른 탓이 아니라 우둔하기 때문인데, 그들은 그 기법을 문장에 활기를 주는 일종의 **애교스러운** 강세라고 생각한다.

*

마치 산호초에 다핵 폴립을 붙여 가듯이 글을 쓰는 사람이 많다. 길고 복잡한 복합문이 다른 복합문에 계속 이어지는데, 방향도 못 잡은 채 마음대로 정말 한없이 이어진다.

*

독일어는 완전히 **엉망진창**이 되었다. 아무나 손댈 뿐만 아니라 글줄깨나 쓴다는 작자는 모두 마구잡이로 써 댄다.

철학적 작가 Philosophische Schriftsteller

이거 하나면 거의 충분한 최상의 작문 기법은 **뭔가 할 말이 있는 것**이다.
오, 이것만 돼도 성공하는 셈이다! 그러나 이 기법을 소홀히 하는 것이
독일의 철학 작가, 특히 뭔가 생각이 좀 있다는 철학자들이 보이는 기본
특성이다. 특히 피히테 이래로 그렇다. 그런 식의 글에서는 모두, 실제로
는 전혀 할 말이 없는데도 겉으로 뭔가 할 말이 **있어 보이려** 한다는 느낌
이 난다.

*

우리 세기의 **철학적** 글쓰기에 깊이 내재된 속성은, 원래 할 말이 전혀 없
는데도 불구하고 글을 써 대는 것이다. 이 특성은 모든 철학적 저술에 고
스란히 스며들어 있기에 잘라트[*], 헤겔, 헤르바르트[**], 슐라이어마허[***]의
글들 역시 이런 분위기를 물씬 풍긴다. 그들의 저술은, 미미한 사상의 꼬
투리 하나가 거의 비슷한 방식으로 50쪽에 걸쳐 장황하게 늘어져 있는
바람에 맥락이 흐릿할 뿐만 아니라, 독일 독자의 참된 인내심이 무한할
것이라는 무조건적 믿음에 떠받쳐져 각 쪽마다 장광설이 느긋하게 펼쳐
져 있다. 자기 고유의 확고하고 견실한 사상을 접하려는 독자는 이런 글
을 읽으면서 헛수고만 한다. 독자는 철학 사상이라고 부를 수 있을 만한
쪼가리 하나라도 건져 내려 정말로 애타게 책장을 넘기지만, 마치 갈증
에 허덕이는 사막의 여행자처럼 죽을 때까지 한없이 허덕거릴 따름이다.

---

[*]   야코프 잘라트Jakob Salat (1766-1851) - 독일의 가톨릭 신학자, 철학자.

[**] 요한 헤르바르트Johann F. Herbart (1776-1841) - 독일의 철학자, 교육학자.

[***] 프리드리히 슐라이어마허Friedrich E. D. Schleiermacher (1768-1834) - 독일의 철학자.

평범한 작가 Mittelmäßige Schriftsteller

평범한 작가들은 자신의 사상을 글로 써낼 결심을 전혀 못 하는데, 이는 자신의 글이 아주 어리석게 비칠지 모른다고 우려하기 때문이다. (…) 그래서 그들은 하고 싶은 말을 억지스럽고 어려운 관용구나 새로 고안해 낸 단어들, 생각을 에두르고 감싸 덮는 복합문 등으로 길게 늘어놓는다. 그래서 그 글은 내용을 전달하려는 노력과 그걸 감추려는 노력 사이를 오락가락한다. 그들은 자신의 사상을 미화하여 그것이 학술적이거나 심오하다는 평판을 얻고, 그에 따라 독자들이 자기가 지금 읽고 인식하는 것보다 사실상 훨씬 더 많은 내용이 배후에 숨어 있다고 생각하게 되기를 원한다. 따라서 그들은 우선 자기 사상을 짤끔짤끔 끊어서 짧고 애매하고 역설적인 격언과 잠언이라는 형식 속에 계속 집어넣는데, 간략하게 표현된 이들 격언과 잠언은 겉보기보다 훨씬 더 깊은 의미를 내재한 듯한 인상을 풍긴다. (셸링의 자연 철학적 글들에서 이런 사례를 정말 잘 찾아 볼 수 있다.) 곧이어 그들은 또다시 자신의 사상을 매우 난잡하게 장광설로 늘어놓는데, 이는 마치 그 말에 함축된 심오한 의미를 독자에게 이해시키려면 대단한 노력이 필요하기라도 하다는 듯하다. 하지만 그것은 저속하지는 않을망정 매우 시시껄렁한 발상이다. (이런 사례는 피히테의 통속적인 글이나 언급할 가치도 없는 초라한 멍청이들의 철학 교재에 널려 있다.)

작센 Sachen

독일의 **니더작센** 사람은 서투르지 않지만 동작이 굼뜨고 **오버작센** 사람은 동작이 굼뜨지는 않지만 서투르다.

장미와 가시 Rosen und Dornen

가시 없는 장미는 없다. 그러나 장미 없는 가시는 많다.

재능 없는 사람 Unbegabte

멍청한 부모를 만났는데 《일리아스》*를 쓸 수 있을 사람은 아무도 없다. 설령 그가 여섯 곳의 대학을 졸업했더라도 헛일이다.

저널리스트 Journalisten

많은 저급한 저술가는, 최근에 출간된 것 외에 다른 것은 아예 읽을 생각이 없는 우둔한 독자 덕분에 먹고산다. 싸구려 저널리스트들. 오, 딱 맞게 말했다! 시쳇말로 '날품팔이꾼'이라고 부르는 게 알맞겠다.

*

온갖 종류의 과장법은 신문 기사 작성의 근본 요소라서, 마치 드라마틱한 예술에서처럼 아주 사소한 일 하나만 가지고도 지나치게 허풍을 친다. 직종으로 따지자면 신문 기자는 너나없이 모두 경보 발령자이고, 이같은 엉뚱한 방식으로 주의를 끌어모으는 인물이다. 따라서 그들은 뭐든 언뜻 눈길을 끌기만 해도 금방 크게 짖어 대는 강아지와 비슷하다. 우리는 그 소리에 맞춰 경보 발령의 강도를 측정해서 소화 불량이 생기지 않게 주의해야 한다.

---

* 《일리아스Ilias》 - 호메로스가 지었다고 전하는 고대 그리스 영웅 서사시. 일리아스는 전쟁이 벌어진 도시인 트로이의 다른 이름이다.

점성술 Astrologie

점성술은 모든 것을 자기와 연관시키고 뭐든지 금방 자기 본위로만 생각하는 사람들의 빈약한 **주관성**을 밝혀내는 훌륭한 증거를 제공한다. 그것은 거대한 천체의 운행을 초라한 자아와 맥이 닿게 하고, 천상의 혜성을 지상의 분쟁이나 잡다한 일에 끌어들여 해석한다.

정언 명령* _당나귀 깔개 Der kategorische Imperativ - ein Ruhepolster für Esel

지금이야말로 윤리학을 적어도 한 번쯤 진지하게 따져 봐야 할 때이다. 벌써 반세기가 지나도록 윤리학은 칸트가 펼쳐 놓은 편안한 깔개 위에 누워 있다. 실천 이성의 정언을 자리 밑에 깔고 느긋하게 쉬고 있는 것이다. 그런데 오늘날 이것은 별로 화려하진 않지만 약간 까다로워 보이는 '도덕률'이라는 매끈한 이름으로 소개되고 있고, 칸트는 이성과 경험 앞에 잠시 고개만 좀 숙인 다음 그 이름 틈새로 주저없이 빠져나간다. 한때 그는 지휘봉을 휘두르며 쉴 틈 없이 명령하던 주인장이 아니었던가? 그런데도 해명 한마디 없다니. 사물 Sache 개념의 고안자로서, 칸트가 나중에는 그 개념을 통해 더 큰 오류들을 털어 버림으로써 마음을 진정시킨 것은 썩 잘한 일이었고 또 불가피했다. 그러나 이제 와서는 그가 깔아 놓았고 그 이후부터 점점 더 넓게 펼쳐졌던 편안한 깔개 위에서 당나귀 같은 멍텅구리들이 온통 뒹굴어 대는 꼴을 속수무책으로 쳐다볼 수밖에 없다. 이건 정말 힘든 노릇이다. 철학 개요를 일삼아 쓰는 사람들은 느긋한

---

* 정언 명령定言命令 kategorischer Imperativ - 칸트 철학에서, 행위의 결과나 목적과 상관없이 행위 자체가 선이기 때문에 무조건 그 수행이 요구되는 도덕적 명령. '살인하지 말라', '강간하지 말라'처럼, 그 자체로 보편적 적용이 가능한 윤리 법칙을 말한다.

확신에 차서 자신의 무지를 드러낸다. 그러면서 자신이 윤리학의 근거를 제시하고 있다고 착각한다. 그들은 우리의 **이성**에 아마도 내재해 있는 도덕률을 주장하고, 그 이론을 장황하고 애매한 상투어로 한껏 자신만만하게 치장한다. 그리하여 그들은 삶을 둘러싼 가장 명백하고 단순한 형국을 잘못 이해하게 유도할 수도 있다. 이런 짓을 일삼으면서도 그들은 유용한 도덕적 사회 규범인 **윤리**가 도대체 우리 정신이나 마음에 새겨져 있는지 그렇지 않은지 딱히 진지하게 묻는 법도 없다. 따라서 지금 나는 널찍이 펼쳐진 깔개를 도덕에게서 앗아 가는 시도를 하는 것이 유난히 즐겁다고 고백한다. 또한 나의 의도를 터놓고 밝히고 싶다. 나는 칸트의 실천 이성과 정언 명령이 매우 부당하고 근거 없이 조작된 가정이라는 것을 증명하고자 한다.

정절_남자와 여자 Eheliche Treue - beim Mann und bei der Frau

정절을 지킨다는 것은 남자에게는 부자연스럽고 여자에게는 자연스럽다. 여자의 간통은, 객관적으로는 거기서 파생되는 결과 때문에, 주관적으로는 자연을 거스르는 행위이기 때문에 남자의 간통보다 훨씬 더 용서하기 어렵다.

종교 Religion

인간은 종교를 마치 어린애 옷을 빨듯 씻어 낸다. 그건 작아서 어디 붙잡을 데도 없고, 곧잘 찢어진다.

*

종교는 무지함이 낳은 어린애이다. 게다가 모친보다 더 오래 살아남지도
못한다.

*

이전 세기들에서 종교는 숲이었다. 군대도 그 뒤에서 진을 치고 매복할
수 있었다. (…) 그러나 수많은 오류들로 얼룩진 이후에 종교는 이제 어
쩌다 건달들이나 은닉처로 찾아드는 덤불에 불과하다. 따라서 우리를 모
든 것에 연루시키려는 광신자들을 경계해야 하고, 그들과 갑자기 마주치
기라도 하면 앞에서 말한, "십자가 바로 뒤에 악마가 서 있다."라는 속담
을 잊지 말아야 한다.

주물과 성유물 Fetisch und Reliquie

신도들이 수호성인들에게 바치는 경배와 마찬가지로, 많은 지식인들이
천재를 높이 떠받드는 행위도 유치한 성유물聖遺物을 보존하는 수준 정
도로 쉽게 변질되고 있다. 이것은 수많은 기독교인이 생애와 가르침이
잘 알려지지 않은 어느 성인의 유물을 숭배하는 것이나 똑같다. 또한 많
은 불자들이 그 근본 지식의 습득과 높은 가르침의 수행을 게을리하고
오히려 다투(성스러운 사리), 그것이 보관된 다고바*(스투파), 성 파트라(밥
사발), 화석화된 발자국, 또는 붓다가 씨를 뿌렸다는 성스러운 나무를 숭
배하는 데 더 큰 정성을 쏟는 것과 같다. 그래서 아르콰에 있는 페트라르

---

* 다고바dagoba - 스리랑카에서 유품을 넣은 곳, 스투파stupa를 가리킨다.

카* 생가, 타소**가 갇혔었다는 페라라의 감옥, 스트랫퍼드의 셰익스피어 집과 그의 의자, 가구가 비치된 바이마르 괴테의 집, 칸트의 낡은 모자, 그리고 이 인물들의 친필 원고가 숭배의 대상이 되었다. 많은 사람들은 이 친필 원고들을 경외의 눈빛으로 뚫어지게 바라본다. 하지만 실제 그들의 작품을 읽어 본 적은 없다. 그들이 할 수 있는 것이라곤 그걸 그저 자세히 쳐다보는 것이다.

중국인 Die Chinesen

중국인들이 아는 것은 오직 군주적 통치권뿐이다. 그들은 도대체 공화국이 뭔지 상상도 못 한다. 1658년에 네덜란드 외교 대표단이 중국에 갔을 때, 그들은 오라녀 왕자를 자국의 왕으로 소개해야 할 필요를 느꼈다. 안 그러면 중국인들이 네덜란드를 군주도 모시지 않는 해적 떼 소굴이라고 무시할 판국이었기 때문이다.

지식욕과 호기심 Wißbegier und Neugier

상식적인 것을 알고자 하는 욕구는 **지식욕**이고 개별적인 것을 알고자 하면 **호기심**이다. 소년은 대부분 지식욕을 보이고, 소녀는 놀랄 만큼 호기심만 보이는데 정말 껄끄럽게 느껴질 정도로 순진할 때가 많다.

---

* 프란체스코 페트라르카Francesco Petrarca (1304-1374) - 이탈리아의 시인. 초기 르네상스의 대표적인 인물이다.
** 토르콰토 타소Torquato Tasso (1544-1595) - 이탈리아의 시인. 그의 《해방된 예루살렘》은 후기 르네상스 정신을 종합한 걸작이다.

지옥 Die Hölle

본연의 의미를 헤아려 보자면, 신앙 교리는 파렴치하다. 그건 스무 살도 채 안 된 젊은이가 저지른 실수를 따지고 그의 불신앙까지도 문제 삼아 지옥 벌을 내려 끝없는 고통에 시달리게 하는 것만으로 부족해서, 보편적인 영겁의 벌은 거의 원죄의 대가이고 인류 최초의 타락이 초래한 필연적 결과라는 교리마저 주입하기 때문이다. 그러나 조물주도 어쨌든 다음과 같은 점을 마땅히 예견해야 했다. 즉 조물주는 인간을, 그가 창조된 순간부터 지닌 자기의 본성을 뛰어넘는 존재로는 빚어내지 않았다. 그럼에도 불구하고 조물주는 인간에게 덫을 놓았으며, 물론 그가 거기에 걸려들 것이라는 사실을 뻔히 알았을 터이다. 왜냐하면 모든 것이 조물주 자신의 작품이었고 그 앞에서 감춰진 채로 남을 것이라고는 아무것도 없기 때문이다. 따라서 조물주가 어차피 악에 빠지도록 예정되어 있는 약한 종족인 인간에게 무로부터 생명을 부여한 것은, 이 종족을 끝없는 고통 속으로 넘기기 위한 속셈이었다고 말할 수 있다. 조물주는 인간에게 모든 죄를 서로 관대히 용서하고 심지어 원수도 사랑하라고 가르치지만, 결국 이 교리가 실천되기는커녕 오히려 타락하는 사태가 벌어진다. 왜냐하면 모든 것이 지나가고 영원히 끝장났을 때 가해지는 처벌은, 즉 개선도 경고도 그 목표로 삼을 수 없는 처벌은 순전한 보복에 불과하기 때문이다. 이렇게 보면 인간은 실제로 영원한 고통과 영겁의 벌을 치르도록 미리 예정되었고, 이 목적 달성에 확실히 유용하게끔 창조된 것 같다. 물론 이유를 헤아릴 수 없는 구원의 선택을 통하여 구제를 받게 되는 매우 예외적인 사례도 있지만, 이걸 무시하고 생각하면 조물주가 세상을 창조한 이유는 결국 악마가 인간을 붙잡아 갈 수 있게 조처하기 위한 것이 맞는다는 사실이 밝혀진다. 따라서 조물주가 세상을 창조하지 않았다는 편이 우리 인간에게 훨씬 더 나았을 것 같다.

진보에 대한 믿음 Fortschrittsgläubigkeit

망자의 부활이 10세기의 꿈이었던 것처럼 진보는 19세기의 꿈이다. 이렇게 각 시대에는 저마다의 꿈이 있다. 만일 금세기에 지금까지의 곡물 창고가 깨끗이 비워지고 여기에 학문과 재화가 새로 쌓이게 된다면, 이 큰 더미에 비교해서 인간이 더 작게 비칠까? '가련한 벼락 부자들 같으니라고….'

질책 Zigarren

엄한 질책은 어리숙한 사람에게 생각의 대용물로 유용하게 쓰일 만하다.

집 친구 Hausfreunde

집 친구라고 부르는 것이 대체로 맞는다. 집 친구는 집주인의 친구라기보다 집의 친구이고 개보다 고양이를 더 닮았기 때문이다.

창녀 Freudenmädchen

창녀는 정말 낙이 없고 보잘것없는 삶을 꾸리지만 우리 (일부일처제) 사회에서 불가피하게 필요한 존재이다. 창녀는 공적으로 인정받는 신분으로 등장하며 그 목적은 특별나서 남자들이 이미 선택했거나 남자들에게 선택받을 자격이 있는, 행운을 타고난 일반 여자들이 남자들의 유혹에 빠지는 걸 방지한다.

채찍질하는 마부 Peitschenklatscher

나는 가장 무책임하고 남부끄러운 소음으로 가득 찬 도시의 뒷길에서 들리는 정말 견디기 어려운 채찍질 소음을 고발해야겠다. 이 소음은 삶 속의 고요와 명상을 송두리째 앗아 간다. 인간이 고안해 낸 것들 중 시끄러운 채찍질 소리가 허용된다는 확고한 관념만큼 둔감하고 정신 나간 생각도 없어 보인다. 느닷없고 날카롭고 머리를 마비시키고 모든 감각을 끊고 생각을 죽이는 이 칼날 같은 음향은 도대체 생각 비슷한 것이라도 머릿속에 좀 담고 있는 사람에게는 고통스럽게 느껴질 수밖에 없다. 이 소음은 정신적 활동이라면 뭐든 방해하여 그게 아무리 허튼 생각이더라도 상관없고, 그 요란한 소리는 마치 머리와 몸통을 단칼로 가르듯이 철학자의 깊은 상념을 잘라 낸다. 이 망할 놈의 채찍질에 비할 만큼 골수에 사무치게 날카로운 음향은 어디서도 찾아 볼 수 없다. 마치 솜털 같은 은엽아카시아를 살짝 쓰다듬을 때 손끝에 느껴지는 감각처럼, 채찍의 뾰족한 끝이 뇌리를 가볍게 스치며 쭈욱 훑어 가는 듯할 뿐만 아니라, 그 잔기운마저 오래도록 남아 돈다. 고도의 효율성을 아무리 존중한다 해도, 나는 모래와 잡동사니를 운반하는 마부가 (반 시간 동안 시내를 도는 사이에) 그 길목에 사는 수많은 사람의 머리에 막 떠오르려는 생각들을 아예 끊어 버릴 특권을 누려야 한다고는 생각지 않는다. 망치 소리, 개 짖는 소리, 아이들이 떠드는 소리도 끔찍하지만 진짜 생각을 없애는 소음은 오직 날카로운 채찍질밖에 없다. 그 소리의 소명은 지금 어느 누군가가 명상에 잠긴 편안한 순간을 짓뭉개는 것이다. (…) 이 망할 놈의 채찍질은 불필요하고 천하에 도움 될 게 없다. 채찍질을 해서 노리는 말에 대한 심리적 효과는 그것을 습관적으로 계속 잘못 휘둘러 대는 탓에 무뎌졌고 말소되었다. 거세게 채찍질해 댄다고 해서 말이 더 빨리 달리지 않는 것이다. (…) 그러나 만일 말들이 채찍질 소리를 듣고는 금방이라도 채찍질을 당할 수 있다는 걸 기억하는 것이 무조건 필요하다고 가정한다면, 지금보다 백 배 더 약한 음향만 써도 충분할 것이다. 익히 알려져 있다시피 동물들은 청각적인 것과 시각적인 것 모두에 민감하고 심지어 거의 알아채지도 못할 정도로 미미한 소리도 감지할 수 있기 때문이다. 잘 길들여진 개나 카나리아가 바로 그런 놀랍기 그지없는 사례이다. 따라서 채찍질하는 행위는 순전히 파렴치한 조롱인 셈인데, 이는 정신노동자에 대해 육체노동자가 던지는 건방진 조소이다. 여러 도시에서 벌어지는 이 몰지각한 행위가 묵인되는 것은 조잡한 야만 행위이고 옳지 않거니와, 채찍의 끝을 매듭지어 마무리하라는 경찰의 규정을 내세우며 마치 이 문제를 쉽게 해결할 수 있는 척하는 태도는 더욱 뻔뻔스럽다. 노동자 계급은 정신노동이라면 뭐든지 겁을 덜컥 먹기 때문에, 그들에게 상위 계급의 정신노동에 신경 쓰도록 주지시키는 건 나쁘지 않을 것 같다. 그러나 우편물을 싣지 않은 우편 마차를 몰거나 엉성한 짐마차를 끄는 말 위에 앉아서 사람들로 붐비는 도시의 좁은 길을 이리저리 통과하거나 심지어 말 옆에 서서 나란히 걸어가면서 긴 넝마 줄 같은 채찍을 계속 휘둘러 대는 마부라면, 길옆으로 끌려가서 제대로 다섯 번 매질을 당해야 한다. 신체에 가하는 모든 체벌을 폐지하려는 입법 회의를 포함한 세상의 모든 박애주의자들도 이것이 옳지 않다고 나를 설득할 수 없을 것이다. (…) 신체가 대개 부드럽고 매우 편안하게 다뤄지는 반면에, 정신노동을 하는 사람이 존중받기는 고사하고 관심도 보호도 받지 못하는 유일한 대상일 수 있을까? 마부, 짐꾼, 거리의 불량배 등은 인간 사회의 짐 운반용 동물이다. 당연히 그들은 인간적으로 정의롭고 공정하고 신중하게 배려되어야 한다. 그러나 그들이 고의적이고 악의적인 소음을 내는 것을 허용하여 높은 이상을 좇는 인간의 노력을 방해하게 해서는 안 된다. 나는 얼마나 많은 위대하고 유익한 생각이 이 채찍질 소리에 휘둘려 세상에서 흔적 없이 사라졌는지 알고 싶다. 만일 내가 억지로라도 할 수만 있다면, 채찍질과 주먹싸움은 기본적으로 똑같은 생각에서 나온 행위라는 것을 마부들이 명심하게 조처할 것이다.

책 Bücher

헤로도토스*에 따르면 크세르크세스**는 자신의 엄청난 대군을 보면서 눈물을 흘렸다고 한다. 수백 년 후에는 그중 아무도 살아 있지 않을 것이라는 생각이 들었기 때문이다. 그러니 두꺼운 미사 경본들을 보면서 눈물 흘리지 않을 이가 누가 있겠나? 만일 이 책들이 10년 후에는 이미 깡그리 사라질 거라는 데 생각이 미치게 된다면 말이다.

철도 Die Eisenbahn

마차를 끄는 수많은 말들을 비참한 생존에서 해방한 것이야말로 **철도**가 가져온 최상의 혜택이다.

철학 교수 Philosophieprofessoren

철학 교수들이 나를 다룬 방식은 마치 루이 14세가 쌍둥이 동생을 취급한 것과 같다. 그 황제는 동생에게 **철가면**을 씌워 바스티유 감옥에 가두었다.

철학, 일종의 직업 Philosophie als Beruf

---

* 헤로도토스Herodotus(B.C.484?-B.C.430?) - 기원전 5세기의 그리스 역사가. 그리스와 페르시아 전쟁사를 다룬 《역사》를 저술했다.

** 크세르크세스Xerxes(B.C.519?-B.C.465) - 기원전 5세기의 페르시아 왕.

진실로 가는 길은 멀고도 가파르다. 달리 말해 도로 한 구획을 단번에 훌쩍 뛰어넘을 수 있는 사람은 아무도 없고, 그러자면 날개가 필요할 것이다. 따라서 나는 철학을 돈벌이하는 영업 행위로 취급하는 것을 삼가라고 권하고 싶다. 철학적 노력의 숭고함은 영업 활동에 걸맞지 않은데, 이건 벌써 고대인들도 익히 알던 바이다. 그러니 젊은 학생들에게 철학이라면 무조건 평생 동안 진저리 치게 만들려고 알맹이 없는 떠버리 몇 명을 대학 강단에 세워 둘 필요는 정말 없다.

철학과 대학 철학Philosophie und Universitätsphilosophie

도대체 부족한 게 많고 몰지각하고 저질인 데다가 골똘한 생각에만 몰두하는 철학이, 다시 말해 솔직하고 대가도 제대로 못 받고 자기 편도 없고 박해받기 쉬운 진실을 변함없는 지침으로 삼아 한눈팔지 않고 올곧게 정진하는 철학이, 이른바 **자애로운 모친**[*]인 수준 있고 튼실한 대학의 철학과 무슨 상관이 있나? 여기서는 교수들의 우려, 관청의 의지, 해당 교회의 규약, 출판인의 요구, 학생들의 지지, 원만한 동료 관계, 정치 시국 현황, 청중의 현재 동향, 또 그 밖에도 코앞에 닥친 온갖 사안에 목표를 두고 신중히 고려하는 부담을 짊어지고 자기 길을 조심스레 헤쳐 가는데, 이것이 나의 철학과 도대체 무슨 상관이 있나? 또한 진리를 향한 나의 조용하고 진지한 연구가 대학 강당에서 진동하며 귀에 쨍쨍 울리는 끝없는 논쟁과 무슨 공통점이 있나? 그 거친 논쟁의 밑바탕에 깔린 것은 항

---

[*] 알마 마테르Alma Mater - '대학교, 모교'라는 뜻. 라틴어 원뜻은 젖 먹여 보살피는 자애로운 모친이다.

상 개인의 이익을 좇는 내면적 충동이다. 따라서 이 두 종류의 철학은 근본적으로 매우 다르다.

*

만일 여기서 오직 철학을 권장하고 진리를 향한 길로 인도하는 것이 주안점이라고 할 때, 내가 적극 권하고 싶은 점은 대학에서 관행이 된 궤변을 없애라는 것이다. 왜냐하면 이것은 말 그대로 진지하고 성실한 철학을 위한 자리가 아니기 때문이다. 그런 철학의 자리에서는 화려하게 치장한 꼭두각시가 빈번히 자리를 독점하고는 "외부의 힘으로 작동되는 나무 인형"(호라티우스,《사투라이*》II, 7장 82절) 자격으로 자랑스레 행진하면서 크게 손짓을 해 델 수밖에 없다.

철학의 미래 Die künftige Philosophie

범주로 봐서는 어쩌면 가능할지 몰라도 깊이로 봐서 나를 능가할 사람은 없다.

철학의 역사 Philosophiegeschichte

철학책 자체를 읽는 대신에 온갖 철학 강좌 해설이나 철학사를 읽는 것은 마치 자기 음식을 남에게 씹히려는 것과 같다. 과거의 흥미 있는 사건들을 자기 눈으로 직접 볼 수 있는 자유가 얼마든지 있는데도 세계사를

---

* 《사투라이Saturae》 - 로마의 시인 호라티우스Horatius의 시집. 두 권으로 되어 있으며 웃으면서 진실을 밝히는 풍자적인 내용이다.

찾아 읽게 될까?

*

철학과의 근본적인 만남은 오직 철학책 자체를 읽어야 이루어지지 간접적으로 연관된 대체물로는 절대 가능하지 않다. (…) 특히, 진정한 철학자가 직접 쓴 글을 읽는다는 것은 스스로 심사숙고할 수 있는 능력의 소유자와 바로 접촉하고 결속하는 것으로, 정신 건강에 좋고 그 활동을 촉진하는 효과도 낳는다. 반면에 철학의 역사를 읽으면서 받는 자극은 잘해야 평범한 지식인이 나름대로 준비한 건조한 사고방식을 전달받는 정도에 그친다.

철학 학회 Philosophenkongresse

이건 자기모순적이다. 철학자들은 세상에서 정말 어쩌다 쌍으로 같이 활동하지, 여러 명이 동시에 같이 활약하는 일은 거의 없기 때문이다.

철학 하고 싶은 자연 과학자 Naturwissenschaftler, die philosophieren möchten

특정한 자연 연구는 배워야 한다. 만일 어떤 훌륭한 동물학자가 60종의 원숭이 부류에 대해 매우 정통한 전문가이지만 자기 전공에만 밝고 이른바 교리 입문서를 따로 배운 것 말고는 별도의 지식이 없다면, 기본적으로 그는 평범하고 무지한 사람이다. 그런데 오늘날 이런 경우는 흔하다. 그들은 주제넘게 세상의 계몽자인 척하면서도 화학, 물리학, 광물학, 동물학, 생리학만 배웠지 그 밖의 지식은 습득한 게 없다. 여기에다 그들의 유일한 별도 지식인 학창 시절에 배운 교리 문답서의 내용을 접합한다. 그리고 이 두 부분이 서로 제대로 어우러지지 않을 때는 곧장 종교를 야유하는 비판자로 돌아서고, 결국 우매하고 천박한 물질주의자로 전락한다. (…) 게다가 영혼, 신, 세상의 시작, 분자 등을 주제로 다루면서 유치하고 어리석은 현실주의에 빠져, 마치 칸트의 《순수 이성 비판 Kritik der reinen Vernunft》이 달 위에서 씌어 단 한 권도 지구로 전달되지 않았다는 듯이, 이 논리를 무분별하게 교의화하는 사람도 모두 평범한 사람일 따름이다. 그러니 그를 시중꾼들 방으로 보내 거기서 지혜를 전수하게 하라.

철학 하고 싶은 화학자 Die Chemiker, die philosophieren möchten
실험용 도가니와 시험관에 둘러싸여 있는 화학자들에게 화학만 가지고는 약사나 될 수 있지 철학자가 되기엔 턱도 없다고 일러 줘야 한다.

축약 Abkürzungen
악마의 꼬리를 뚝 잘라 내고 **메피스토펠레스**를 **메피스토**라고 줄여 쓸 정도로 **축약법**이 지나치게 많이 쓰인다.

출생 Die Geburt
유일한 행운은 태어나지 않는 것이다.

친구 Freunde

친구들은 서로 솔직하다고 말한다. 하지만 적대자가 그렇다.

ㅋ

카드놀이Das Kartenspiel

카드놀이가 발명되고 널리 유행하는 것을 보면 인간에게 의지를 자극하려는 욕구가 유난히 많다는 사실이 밝혀지는데, 이 욕구는 정말 근본적으로 인간의 초라하고 부끄러운 측면을 드러낸다.

*

카드놀이는 어느 나라에서든 모든 사회의 주요 오락이 되었다. 즉 이것은 모든 사회의 가치관을 가늠할 수 있는 기준이 되었고 모든 사고 능력을 완전한 불능 상태로 마비시켰다. 이제 사람들에게는 서로 나눌 수 있는 생각이 전혀 없어진 탓에 카드를 서로 나누며 돈을 딸 기회만 노릴 뿐이다. 오, 가련한 인간들!

*

카드놀이는 풍기를 문란하게 한다. 그 놀이에 내재한 원리는 무슨 수를 써도 좋으니 상대방을 무조건 이기라는 것이다. 그런데 카드놀이에 빠져 굳어진 이런 습관은 일상생활 전반에까지 파고들어 사람들은 서로 내 것 네 것을 따질 때에도 이런 식으로 행동하고, 법을 어기지 않는 이상 지금 자기 손에 쥔 이익을 깡그리 챙겨도 괜찮다는 사고방식에 서서히 물들어

간다.

칸트 Kant

만일 내가 지금 (…) 기분 전환을 하려고 익살스럽고 좀 외설스러운 비유를 들어도 괜찮다면, 나는 자기 신비화에 열중한 칸트를 가면무도회에서 가면 쓴 미녀를 정복할 속셈으로 저녁 내내 열중하고 있는 한 남자에 비유하고 싶다. 마침내 그녀가 그의 아내임을 밝히며 가면을 벗는 순간이 닥칠 때까지 말이다.

칸트와 거짓말할 권리 Kant und das Recht zu lügen

칸트의 영향을 받아 인간의 **언어 능력**에서 파생된 거짓말의 불법성에 대한 추론이 많은 글에서 다뤄졌는데, 그것은 매우 피상적이고 유치하고 밋밋하다. 따라서 그 추론들을 조소하기 위해 악마의 품에 안겨서 탈레랑*과 함께 이렇게 말할 수 있겠다. "인간은 자기 생각의 은닉처로 삼기 위해 언어를 보존해 왔다."

*

어떤 남자가 자신이 구애하는 여자의 아버지를 여자 집에서 우연히 마주쳤을 때, 왜 그가 예고 없이 자기 집에 있느냐는 질문을 받는다면, 바보가 아닌 이상 그는 금방 거짓말을 할 것이다.

---

* 샤를모리스 드 탈레랑페리고르Charle-Maurice de Talleyrand-Perigord (1754-1838) - 프랑스의 정치가, 외교가. 프랑스 혁명, 나폴레옹 전쟁, 빈 회의 시대의 정치적 기회주의의 대가로, 합법성 원칙의 고안자로 유명하다.

칸트의 전성기 이후 Nach Kants Glanzperiode

독일 철학에서는 칸트의 전성기가 막을 내리자 곧바로 다른 철학이 뒤를 이었는데, 이 철학에서는 논리로 설득하는 대신에 깊은 인상을 남기는 데 치중하고, 철저하고 명백한 것 대신에 겉만 번지르르하고 과장적이며, 특히 이해할 수 없는 것을 추구하거나 심지어 진실을 추구하기보다 모략하는 쪽을 선호했다. 그래서 이 철학은 전혀 발전할 수 없었고, 끝내 모든 철학 학파와 그 방법론은 몰락의 길을 걸었다. 왜냐하면 헤겔과 그 추종자들 사이에 망나니짓을 일삼는 파렴치한 행위와 분별없는 칭찬을 늘어놓는 몰지각한 태도가 지나치게 강해졌을 뿐만 아니라 모든 너절한 행위에 담긴 뚜렷한 의도가 극대화되어서, 결국 모두에게 야바위 짓 전체의 진상이 밝혀질 수밖에 없었기 때문이다. 마침내 몇몇 사안들이 연달아 폭로된 결과 그 일을 감싸던 위로부터의 보호가 상실되었고 발언을 하는 것도 금지되었다. 유례없이 비열한 사이비 철학론의 원인을 다룬 피히테와 셸링의 논리도 불신의 나락으로 떨어졌다. 이로 인해 독일에서는 칸트를 뒤이은 첫 반세기 동안 철학적으로 완전히 무능해지는 지경에 빠졌다. 한편, 이 사태는 독일인의 철학적 재능이 외국에서 한껏 부각되던 와중에 벌어졌는데, 특히 영국 소설가가 독일인을 사상가들의 민족이라고 비아냥대며 일컬은 이후에 생긴 일이다.

*

칸트 철학에서는 인식의 타당성, 그리고 인식의 **내재적** 적용과 **초월적** 적용을 중점적으로 다룬다. 그런데 우리의 사이비 철학자들이 이처럼 위험스러운 구별을 감행하는 것은 정말 현명하지 않은 결정일 것이다. 하지만 칸트식 표현들은 매우 학구적인 분위기를 풍기기 때문에 그들은 이를 정말 기꺼이 사용하고 싶었을 터이다. 실제로 그들은 그런 표현들을 많이 갖다 쓴다. 왜냐하면 신은 항상 그들 철학의 주요 대상이며 신은 청중에게 별도로 소개할 필요 없는 오랜 지인 자격으로 그들의 철학에 등장하는데, 혹시 신이 이 세상에 내재하는지 아니면 세상 밖에 존재하는지를 캐묻는 것이 이제 새로운 논쟁의 주제로 떠올랐기 때문이다. 첫 번째 논제를 다룰 때 그들은 신을 **내재적**, 두 번째 경우에는 **초월적**이라고 해석하는데, 그 와중에 으레 한없이 진지하고 학구적인 태도를 취할 뿐 아니라 헤겔의 용어까지 끌어와 덧붙인다. 이 광경을 보는 건 우습기 짝이 없다. 우리처럼 나이 지긋한 사람들만 아는 팔크*의 풍자적 연감에 실린 동판화가 생각날 정도이다. 거기에서 팔크는 칸트가 대형 풍선 속에 앉아 하늘로 둥둥 떠오르면서 자기 옷을 몽땅 아래로 내던지고 심지어 모자와 가발까지 땅으로 떨구고 있고, 그게 떨어진 바로 그 자리에서 원숭이들이 흩어진 옷가지를 전부 끌어모아 몸치장에 열중하고 있는 장면을 묘사한다.

*

무신론자에 대한 공공연한 비판자인 야코비**를 비롯한 모든 사이비 철학자들과 몽상가들은 갑자기 그들 앞에 열린 쪽문으로 밀려들어 시장에서 팔 수 있을 만한 소소한 물건을 건지거나, 그도 아니면 칸트의 학설에 짓눌려 깨질 위험에 처한 낡고 귀중한 상속물 중에서 최소한 애장품이라도 구하려고 온통 법석거렸다. - 마치 어떤 사람이 젊은 시절에 까딱 **한**

---

* 팔크의 연감 - 팔크 아이제르만Falk Eisermann의 1478년본 아우크스부르크 연감.
** 프리드리히 하인리히 야코비Friedrich Heinrich Jacobi (1743-1819) - 독일의 철학자. 논리보다 감정과 믿음에 기반하여 18세기 후반에 멘델스존과 범신론 논쟁을 벌였으며 스피노자를 비판하였다.

번 저지른 실수로 평생을 망치는 경우가 종종 있듯이, 이른바 완전히 초월적인 신임장을 지참하고는 고등 대법원의 판결처럼 '무자비하게' 결정을 내리는 실천 이성을 도구 삼아 칸트가 설정한 유일하고도 잘못된 철학 가설은 결국 다음과 같은 결과를 초래했다. 즉 이 엄격하고 객관적인 비판 철학으로부터 가장 이질적고 다양한 철학 학설들이 생겨났던 것이다. 이 학설들에서는, **'초감각적인 것'**을 처음엔 그저 어슴푸레하게 **'감지하다가'** 나중에 좀 더 확실히 **'인지하고'** 마침내 **'활발하게 지적으로 직관하는'** 이성이 중점적으로 논의된다. 특히 근래의 몽상적 철학자들은 이런 이성의 '절대적' 잠언과 계시, 달리 말해 델포이 신전의 **삼각대***로부터 내려진 잠언과 계시를 자기 나름대로 해석하는 몽상들을 공개적으로 소개할 기회를 얻게 되었고, 이 새로운 특권은 물론 기꺼이 남용되었다. 바로 여기에 칸트의 학설에 뒤이어 곧바로 등장한 철학적 방법론의 원천이 놓여 있다. 이 방법론은 신비화하고 감탄을 자아내고 미혹하고 사기 치고 허풍을 떠는 내용으로 이루어져 있기에, 철학사에서는 나중에 이 시기를 '불성실 시대'라고 일컫게 될 것이다. 왜냐하면 초창기의 철학 저술들에서 독자와 함께 공동으로 연구하는 특성을 띠었던, 이른바 **성실성의 특성**이 사라졌기 때문이다. 요컨대, 이 시대의 사이비 철학자들은 독자를 가르치려 하지 않고 현혹하려고 하기 때문에 그들의 저술은 이런 내용으로 빼곡이 채워져 있다. 이 시대의 영웅으로 피히테, 셸링, 헤겔이 두각을 보이는데, 특히 위엄 없고 졸렬하고 진부한 협잡꾼인 헤겔은 그래도 좀 재능 있는 두 철학자보다 훨씬 더 낮은 아래층에 동떨어져 홀로 서 있다.

---

* 삼각대tripode - 고대 그리스의 도시였던 델포이 신전에서 아폴론의 신관이 답변을 했던 삼각대.

이 시대의 혼란을 초래한 인간은 온갖 부류의 철학 교수들이다. 이들은 무한정한 것, 절대적인 것, 그 밖의 많은 주제에 대해 아는 것이라곤 전혀 없이 그저 청중 앞에서 진지한 표정을 지으며 거짓 논제를 그럴듯하게 한바탕 늘어놓는 재주만 있다.

칸트의 후계자 Kants Nachfolger

이미 젊은 나이에 헤겔 철학의 망나니짓으로 뒤틀리고 망가진 머리에 어떻게 칸트의 심오한 연구를 이해할 능력이 아직 남아 있겠나? 그들은 껍데기밖에 없는 군소리를 철학적 사고로, 빈곤한 궤변을 통찰력으로, 어리석은 난센스를 토론법이라고 생각하는 데 이미 익숙해져 있다. 또한 여러 단어를 극단적으로 함께 묶어 합성어를 줄곧 만들어 쓴다. 그런데 뭔가에 대해 사고할 때 그런 말을 쓸라치면 쓸데없이 정신만 더 지치고 산만해져서 그들의 머릿속은 엉망진창이 된다. 그들에게 필요한 것은 이성 비판이 아니고 철학도 아니다. 여기엔 **판단력을 돕는 약**이 필요하다. 가장 먼저 필요한 것은 정화제로 이른바 **건전한 인간 이성에 대한 소규모 강좌**가 필요하다. 그러고 나서 혹시 그들이 언젠가 철학을 다시 토론의 주제로 삼을 가능성이 있는지를 앞으로 지켜봐야 할 것이다.

클리오, 역사학의 뮤즈 Klio, die Muse der Geschichtswissenschaft

역사학을 관장하는 여신 클리오는 매독에 걸린 거리의 창녀처럼 거짓말에 철저히 감염되어 있다.

ㅌ

트라피스트 수도회* 회원Trappisten

정규적인 트라피스트 수도회 회원의 수는 물론 적다. 그러나 인류의 절
반은 **비자발적 트라피스트 수도회 회원**이다. 즉 가난, 순종, 온갖 향유의
결핍, 필수적인 진통제의 결핍, 또 배우자가 부족한 탓이거나 강요받아
지키게 되는 정결 등 모든 것이 그들이 겪는 운명이다.

---

* 트라피스트 수도회 - 1664년에 창설된 시토 수도회의 분파. 금욕과 엄격한 침묵 속에서 생활하는 수도회이다.

파리 Die Fliege

몰염치와 파렴치함의 상징으로 파리를 빼놓을 수 없다. 다른 곤충들은 인간이라면 기를 쓰고 피하고 멀찌감치 도망가는데 이 파리란 녀석은 우리 콧등 위에 척 내려앉는다.

펠라기우스주의[*]Pelagianismus

펠라기우스주의는 기독교를 서투르고 피상적인 유대교로, 그리고 그 기회주의로 되돌리려는 노력이다.

평등주의 Egalitarismus

지성Verstand의 용량은 포괄적이지 않고 집중적이다. 이렇게 보아 한 사람이 만 명을 거뜬히 상대할 수 있고, 천 명이 북적이는 멍청이들 패거리

---

[*] 펠라기우스주의 - 영국의 금욕적 수도사, 신학자인 펠라기우스(354-418)파 이단설. 인간은 자기 노력으로 구원되는 것이지 신의 은총은 필요 없다고 주장했다.

가 영리한 사람 한 명을 당해 내지 못한다.

*

자연은 귀족적이다. 봉건 제도나 카스트 제도보다 더 귀족적이다. 따라서 자연의 피라미드는 아주 널찍한 기반에서 시작해서 매우 뾰족한 꼭대기 쪽으로 올라간다. 설령 자기 위에서 군림하는 것이라면 아무것도 절대 용납 못 하는 하층민과 불량배가 귀족 계급을 깡그리 뒤엎는다 해도, 그때 자연에 손대서는 안 될 것이고, 또 그렇게 했다고 해서 칭찬받을 이유도 전혀 없다. 자연은 온전히 '신의 은총으로' 존재하기 때문이다.

폭음 같은 문 닫기 Türenknallen
정말 버릇없이 악의적으로 문짝을 쾅 닫을 때 나는 폭음처럼 불필요한 소음에 대해 대부분 관대한 것은 상식적으로 사람이 우둔하고 생각이 없다는 표시이다. 독일에서는 마치 소음을 문제 삼지 않는 것이 당연하다는 목표를 정식으로 세운 듯하다.

프랑스 사람 Die Franzosen
다른 대륙에는 원숭이가 있고 유럽에는 **프랑스 사람**이 있다. 그래서 서로 차이 없이 평준화된다.

프랑스 사람의 그리스어 다루기 Die Franzosen und ihr Umgang mit dem Griechischen

학술원을 포함하여 프랑스 사람들은 그리스어를 형편없이 다루는데, 그 나라 말을 망치려고 그 말을 차용하고(…), 게다가 그 말들을 옮겨 적을 때도 마치 젊은 농부가 남이 말하는 그리스 단어를 언뜻 한 번 듣고서 종이에 끄적거리듯 처리한다. 만일 프랑스 학자들이 최소한 자기들이 그리스 말을 이해하는 척이라도 한다면, 그래도 좀 점잖게 보아 넘길 만할 것이다. 그러나 마치 프랑스 은어(길고 껄끄럽게 울리는 끝음절과 비음이 포함된, 귀에 몹시 거슬리게 변질된 이탈리어)가 그들만의 방식으로 사용되는 것처럼, 그들은 우수한 그리스어를 매우 고약한 이 은어에 잘 맞춰지도록 천연덕스럽게 망쳐 놓았다. 이것은 마치 서부 인도의 왕거미가 벌새를 잡아먹고 두꺼비가 나비를 집어삼키는 장면과 같다. 학술원 회원들은 자기들끼리 계속 '나의 특별한 동기'라고 부르고, 거울에 비치듯 끼리끼리 반사되어 멀리서도 서로 그 풍채를 단번에 알아본다. 그래서 나는 이 **특별한 동기**에게 이 문제를 한번 숙고해 달라고 부탁한다. 제발 그리스어는 건드리지 말고 본인들 은어나 잘 간수하시오. 그도 아니면, 그리스어를 망치지 말고 제대로 사용해 주시구려.

프랑스어Die Französische Sprache

이미 여러 세기에 걸쳐 유럽 전체의 조롱거리가 된 프랑스 사람들의 유별난 민족적 허영심이 얼마나 극치에 이르렀는지에 대해 한번 지적할 만한데, 그 **압권**non plus ultra을 보여 주는 사례는 다음과 같다. 1857년에 대학 교재로 쓰인《세 개의 고전어 학습을 위한 기본 문법 비교 개념, 에거 및 협회 임원이 합동 편집한 교육부 추천물Notions élémentaires de grammaire comparée, pour servir à l'étude des trois langues classiques, rédigé sur l'invitation du ministre de l'Instruction publique, par Egger, membre de l'Institut》의 5쇄본이 출판되었다. 그런데 여기서 **세 번째 고전어**라면서 다루어지는 언어가 정말 어처구니없게도 – "믿으라, 후대여!"(호라티우스, 《카르미나》II, 19장 2절) – 하필이면 **프랑스어**이다. 그런데 이른바 프랑스어는 아주 고약한 라틴어계의 변종 언어로 라틴어를 정말 몹쓸 것으로 크게 훼손하는 언어일 뿐만 아니라, 연배가 더 높고 훨씬 더 훌륭한 자매어인 이탈리아어를 삼가 존경해야 마땅한 언어이다. 또한 이 언어에는 껄끄러운 비음 en, on, un 등이 독점적으로 포함되어 있을 뿐만 아니라, 마치 한없이 성가신 딸꾹질을 할 때처럼 맨 끝음절에 강세가 계속 따라붙는다. 게다가 다른 모든 언어는 끝에서 두 번째의 긴 음절이 부드럽고 편안하게 울리는 반면에, 프랑스어는 운율이 없고 시의 형태를 이루는 각운만 있는데 그것도 대부분 é 또는 on 위에 강세가 놓여 있다. 아니, 도대체 이 협수룩한 언어가 그리스어, 라틴어와 함께 **고전어**로 한자리에 나란히 소개되다니! 나는 유럽 전체에 호소한다. 모두 함께 궐기하고 나서서 정말 몰지각한 이 명칭이 언어의 기를 꺾어 보자.

프로테스탄티즘Protestantismus

프로테스탄티즘은 독신제, 본연의 금욕 생활, 그리고 그것의 모범인 성인들을 배척함으로써 둔감한 기독교로 변했다. 아니, 이보다는 갑자기 단절되고 최고 지도자가 없는 기독교로 둔갑했다는 편이 더 맞겠다. 말하자면 느닷없이 소강상태로 접어든 것이다.

*

프로테스탄티즘은 금욕 생활과 그 핵심인 독신제가 쌓아 온 공적을 무너뜨림으로써 사실상 이미 기독교의 최고 핵심을 포기한 것이므로 배교 행위라고 할 수 있다. 오늘날의 기독교는 피상적 합리주의인 근대적 펠라기우스주의로 서서히 이행해 가면서, (물론 실패할 수밖에 없었지만) 보기에 좋고 즐겁게 다가갈 수 있도록 이 세상을 창조한 자비의 아버지에게서 받는 가르침으로 마무리된다. 그리고 만일 우리가 웬만큼 신의 의지를 따르기만 한다면, 신은 우리에게 사후에 지금보다 훨씬 더 볼품 있는 세상을 선사할 것이다. (단지 유감스러운 것은 그 세상에 – 최후의 심판장을 향한 – 숙명적 입구가 하나 뚫려 있는 점이다.) 이것은 안락한 생활을 즐기는 계몽된 기혼 프로테스탄트 목사에게 좋은 종교일 수 있으나 이는 더 이상 기독교가 아니다.

피히테 Fichte

독일의 전통 인형극에서는 한스부르스트*가 황제나 영웅들을 모두 익살스럽게 희화화한 것처럼 어릿광대가 어떤 영웅의 말과 행위를 나중에 **자기 나름**의 방식으로 바꿔 과장하여 되풀이한다. 마치 이 익살꾼처럼 위대한 칸트의 뒤에는 **지식학****의 원조, 말하자면 정통 **지식 결여**가 한 명 우

* 한스부르스트Hanswurst - 중세와 18세기 독일 연극의 어릿광대.
** 지식학Wissenschaftslehre - 피히테의 철학을 대표하는 용어이나, 그의 '지식학' 이념을 최초로 체계적으로 밝히는 그의 주저 《전체 지식학의 기초》에도 이에 대한 상세한 설명이 없다. 위의 글에서 쇼펜하우어는 지식학을 '지식 결여 Wissenschaftsleere'라고 바꿔 부르며 이를 비판한다.

뚝 서 있다. 그 주인공 피히테는 독일의 철학 애호가들의 구미에 잘 맞아떨어지는 사상을 철학적 신비화로 채색하여 전개하면서 크게 주목받을 수 있었는데, 이 명성에 기반하여 그는 자신과 지지자들의 행로를 평탄하게 계속 쌓아 가려고 했다. 피히테는 자신의 이런 의도를 다음을 통해 탁월하게 실천에 옮겼다. 그는 자신이 이른바 모든 견지에서 칸트를 **능가했다거나** 칸트를 생생히 재현하는 최상급 배우로 무대에 나섰으며, 그 작품의 걸출한 부분들을 크게 과장하여 마침내 아주 본질적으로 칸트 철학을 희화화하는 데 성공했던 것이다. 또한 그는 이 방식을 윤리학에도 똑같이 적용했다. 그래서 그의 《윤리학 체계System der Sittenlehre》에서는 정언 명령이 전제적 명령 쪽으로 점차 대체되는 것을 볼 수 있다. 즉 절대적 의무, 자기 입법적 이성과 양심의 명령이 도덕적 **운명**, 곧 해명할 수 없는 필연성으로 발전하는데, 그것은 인간이 엄격하게 어떤 원리에 합당하게 행위하는 것을 말한다. 인간은 근본적으로 그 **무엇**에 대하여 전혀 알지 못하는데도 불구하고 도덕적 잣대에 비춰 판단하기 위해서는 이렇게 행위해야 한다.

*

소인배처럼 좀스러운 이런 태도 속에서 피히테 본연의 철학적 조야함이 드러난다. 어렴풋이 짐작되듯이 이것은 이미 배운 것을 소화할 시간을 한 번도 낸 적 없는 사람에게서 확실히 보인다.

피히테의 아들, 철학자 이마누엘 헤르만 Fichtes Sohn, der Philosoph Immanuel Hermann 우리는 이미 베를린에서 그를 아주 상냥한 사람이라고 불렀다.

하얀 피부 Weiße Hautfarbe

여기에 내 의견을 좀 덧붙이면, 인간에게 하얀 피부는 자연스러운 게 아니었다. 인간은 원래 까맸거나 우리의 시조인 힌두 사람처럼 갈색을 띠었다. 따라서 원래부터 하얀 피부색을 띠는 사람이 자연적으로 태어난 적은 없으며, 흔히 백인종이라고들 말하지만 실제로 백색 인종은 존재하지 않는데, 백인은 모두 원래 타고난 피부색이 허옇게 바래서 생겼다. 그러니까 낯선 북쪽 지방으로 쫓겨 들어간 그들은 마치 외래종 식물 같은 속성을 지녔기에 겨울을 나려면 온실이 필요한데, 그런 식으로 몇천 년이 흐르는 사이에 피부색이 하얗게 바랜 것이다.

학식 Gelehrsamkeit

나는 학식을 매우 묵직한 갑옷에 비유하고 싶다. 물론 건장한 사람이 그걸 입으면 무적의 상대로 변신한다. 그러나 허약한 사람은 갑옷의 엄청난 무게에 짓눌려 완전히 녹초가 된다.

학자 Der Gelehrte

가발은 순수한 학자가 세심하게 선택한 상징 같은 것이다. 가발은 본인의 적은 머리숱을 타인의 머리카락으로 잘 덮어 머리를 다듬는 데 쓰인다. 이는 마치 수많은 낯선 사고들이 빼곡이 쌓이면서 학식이 점점 높아지는 것과 같다. 물론 이런 식의 학식은 당사자에게 잘 어울리고 자연스러워 보이게 쌓이지는 않는다. 그래도 어느 경우든 어떤 목적이든 유용하게 쓸 만하고 어느 정도 단단히 뿌리 박히는 데다가, 때로는 같은 출처에서 다른 것들을 뽑아내어 대체할 수도 있다. 이는 마치 내 땅에서 움튼 싹과 별 차이가 없다.

*

인식에 도달하기 위해 배우는 사람에게 책과 연구는 사다리의 디딤판에 불과하다. 그는 인식의 꼭대기에 오르기 위해 디딤판을 딛고 올라서고, 한 칸 더 위로 올라선 다음에는 이전 것을 되돌아보지 않는다. 반면, 기억력을 채우려고 공부하는 사람들은 발을 딛고 올라서는 데 그 디딤판을 쓰지 않고 그걸 소유하려고 사다리에서 떼어 내서 어깨에 짊어지고 무게가 점점 늘어나는 것을 기뻐한다. 그들은 자기 수준에 걸맞게 마땅히 짊어져야 할 짐에 짓눌려 있기 때문에 항상 인식의 맨 아래층에서 자신을 묵히게 된다.

평범한 학자 Der simple Gelehrte

독일 괴팅겐 대학의 교수처럼 워낙 평범한 학자는 천재를 토끼와 같다고 생각한다. 토끼는 죽은 다음에야 비로소 조리해서 먹을 수 있다. 따라서 토끼가 살아 있으면 그걸 그저 쏘아 죽이기만 하면 된다.

학자 공화국 Die Gelehrtenrepublik

학자 공화국에서는 모두가 오직 **자기 자신의** 이익만 챙기는 게 보통이다. 이건 마치 사태가 어찌 되든 아랑곳없이 홀로 위신과 권세만 좇은 탓에 나라 전체가 몰락의 길을 걷는 멕시코 공화국의 정황에 비견된다. 학자 공화국에서는 이렇듯 **각자가** 명성을 누리고 권세 얻을 궁리만 하지만, 정말 뛰어난 인재가 등장할 경우에는 그가 모두를 위협할 인물로 성장할 수 있다는 우려에 휩싸여 그를 제압하려고 일편단심으로 뭉친다. 이럴 때 학문 세계 전체가 어떻게 될지는 쉽게 예측할 수 있다.

합리주의자 Rationalisten

어느 엄마가 아이들에게 교훈을 주고 정서를 순화시키려고 《이솝 우화》를 건네주었다. 그러자 조숙한 큰아이는 금방 책을 돌려주며 이렇게 말했다. "이 이야기는 우리한테 안 맞아요! 너무 유치하고 멍청해요. 여우, 늑대, 까마귀가 말할 수 있다는 건 더 이상 곧이들리지 않아요. 그런 허튼 말에 넘어갔던 건 벌써 옛날 일이에요!" 이 전도양양한 꼬마 녀석에게서 미래의 계몽적 합리주의자를 알아보지 못할 사람이 누가 있겠나?

허영심_여자와 남자 Die Eitelkeit - bei der Frau und beim Mann

설령 남자의 허영심보다 더 크지는 않다고 해도, 여자의 허영심은 온전히 물질적인 것에 치중하기 때문에 나쁘다. 여자는 본인의 남다른 아름다움에서 시작하여 사치품, 화려한 옷, 호사를 누리는 데 점점 더 치중한다. 그래서 자기들끼리 함께 어울려 몰려다니는 걸 좋아하는데, 이 역시 여자들의 전형적 특징이다. 특히 분별력 없는 여자는 **낭비하는** 경향이 많다. 그래서 "여자는 원래 낭비를 잘한다."라는 옛말도 있다. 이와 반대로 남자의 허영심은 판단력, 학식, 과감성 같은 비물질적인 대상에 치중할 때가 많은데, 여기에는 장점이 제법 많다.

헤겔 Hegel

종이를 허비하고 시간을 낭비하고 머리를 망치는 인물.

*

아니요, 당신들이 보는 것은 독수리가 아니오. 그의 귀를 좀 잘 보시구려.

*

독일에서는 역겹고 우둔한 협잡꾼이고 전례 없는 망나니인 헤겔을 역대 최고의 철학자라고 집요하게 알릴 수 있었고, 수많은 사람들이 20년 이상 요지부동으로 그렇게 믿어 왔다. 독일 이외에 덴마크 학술 협회조차 그랬다. 이 협회는 헤겔 편을 들어 나의 반대편에 섰고, 그를 **최고의 철학자** summus philosophus로 내세우려 했다.

*

그러나 만일 이 자격 미달자를 치켜세우기 위해 서로 결탁한 저널리스트 패거리, 봉급쟁이 헤겔파 교수들, 또 그 자리에 연연하여 애간장 태우는 대학 강사들이 워낙 평범한 인물이면서도 유별난 협잡꾼인 헤겔을 전대미문의 철학자로 추대하며 뻔뻔스럽게 산지사방으로 끈질기게 알린다면, 이를 한 치도 염두에 둘 가치가 없다. 더구나 어리숙한 사람조차 이 형편없는 시도에 담긴 졸렬한 의도를 금방 눈치챌 수 있을 정도면 말할 것도 없다. 그러나 외국의 학술 협회가 그 사이비 철학자를 **최고의 철학자**로 비호하고 나서게 되면 사태는 심각해진다. 다시 말해, 부정 수단으로 사취하고 돈으로 매수되고 허위로 그럴싸하게 꾸며진 명성을 성실하고 과감하게 **단호히** 반대하는 사람이 오히려 비난받는 것을 용납한다면, 사태는 정말 심각해지는 것이다. 그때 그런 명성은 오직 허위와 잘못, 미혹의 대상을 파렴치하게 칭찬하고 남에게 강요하는 사람에게나 알맞다. 왜냐하면 경험이 부족한 사람은 공인된 외부의 판단에 눈이 멀어 잘못된 오류에 깊이 빠져들기 때문이다. 따라서 그것은 **상쇄**되어야 한다.

*

여기서 덴마크 학술 협회의 이른바 **최고의 철학자**는 다음과 같이 결론짓는다. "무게 중심으로 지탱되는 막대기는 나중에 어느 한쪽이 더 무거워지면, 그쪽으로 기운다. 그러나 철봉은 자성磁性이 생긴 다음에야 한쪽으로 기운다. 그 자체가 무거워진 것이다." 그러고는 이에 상응하는 사례를 결론으로 내놓는다. "모든 거위의 다리는 두 개이다. 너의 다리도 두 개이다. 따라서 너는 거위이다." 이렇게 정언 형식을 적용하면 헤겔의 삼단 논법은 다음과 같다. "한쪽에 무게가 쏠리는 것은 모두 그쪽으로 기운다. 이 자기화된 철봉은 한쪽으로 기운다. 따라서 그 철봉은 거기서 무거워진 것이다." 바로 이것이 **최고의 철학자**가 펼치는 삼단 논법이다. 안타깝

게도 우리는 긍정적 가정을 통해서는 삼단 논법의 두 번째 형태 속에서
아무런 결론도 끌어낼 수 없다는 사실을 이 논리 개혁자에게 가르쳐 주
는 걸 깜빡 잊었다.

*

이런 망나니짓에 뒤따르는 것은 고상한 체하는 것인데, 이것 역시 이 협
잡꾼의 주요 술책이다. 틈만 나면 그는 자기 말로만 쌓아 올린 건물 꼭대
기에 서서 다른 철학자의 주장뿐만 아니라 모든 학문과 그 수단, 또한 수
백 년에 걸쳐 예지와 꾸준한 노력으로 열매 맺은 인간의 정신을 거만하
고 권태롭고 무례하고 냉소 어린 태도로 굽어본다. 그는 이렇게 허튼 말
로만 꽉 채워진 지혜를 동원하여 독일 청중에게서 높이 떠받들어졌다.

헤겔, 젊은이를 망치는 인물 Hegel als Jugendverderber

다른 궤변론자들과 협잡꾼들과 반동주의자들이 **인식**을 날조하고 망치는
정도로 그쳤던 반면, 헤겔은 인식의 **핵심**인 이성 자체를 망쳐 놓았다. 그
러면서 그는 속되고 말도 안 되는 헛소리, 자기모순들로 얽힌 이론, 정신
병원에서나 들리는 횡설수설을 이성의 인식으로 받아들이라고 권하며
미혹에 약한 젊은이들을 무리하게 몰아갔다. 그의 글에 흠뻑 빠져 그것
을 최고의 지혜로 소화하려 애쓴 저 가엾은 젊은이들의 머리는 결국 망
가져서 올바른 사리 판단력을 모두 상실했다. 이런 일이 벌어졌기에 그
런 사람들이 거리를 헤매고 다니는 게 아직도 보인다. 그들은 역겨운 헤
겔 공식을 읊어 대며 그 대가를 칭송한다. 예컨대, "자연은 그 타재他在에
있어서의 이념이다.Die Natur ist die Idee in ihm Anderssein."와 같이 알아듣지

도 못할 말을 액면 그대로 잘못 받아들인다. 이런 식으로 젊고 신선한 머리를 망가뜨리는 것은 말 그대로 죄악이다. 용서받을 수도 미화될 수도 없다.

헤겔주의 Hegelianismus

'존재는 무無'라는 말을 근본 명제로 삼는 철학은 정신 병원으로 실려 가야 할 것이다. 독일만 빼고 딴 데서는 모두 이 철학을 일찌감치 거기에 가두었을 것이다.

*

내가 이른바 헤겔의 철학은 매우 현혹스러운 기만이라서 다음 세대는 이 철학을 우리 시대에 대한 조롱거리로 삼아 한없이 곱씹게 될 것이라고 말한다면, 또한 내가 그의 철학은 정신력을 모두 마비시키고 모든 실제적 사고의 숨통을 막는 사이비 철학이며, 언어를 너무 파렴치하게 남용함으로써 정신력과 실제적 사고 대신에 가장 헛되고 무의미하고 경솔하며 우둔하고 쓸모없는 군소리를 떠벌리고, 바로 그 때문에 높은 인기를 누리는 사이비 철학이라고 말한다면, 그리고 만일 내가 이 사이비 철학은 엉뚱하고 날조된 착상을 핵심으로 하여 아무런 동기도 결과도 내놓지 못하고, 말하자면 그 무엇으로도 증명되지 않고 그 자체로 아무것도 증명하지 않을 뿐 아니라 독창성도 없는 철학이자, 스콜라 철학적 현실주의인 동시에 스피노자주의의 순전한 패러디라고 말한다면, 게다가 만일 내가 어떤 형상의 괴물이 기독교를 앞세우며 음침한 배후에 숨어 있는지 말한다면, 가령 내가 그 괴물은 "앞은 사자이고 뒤는 뱀, 가운데는 염

쇼펜하우어가 헤겔의 《철학적 학문들의 엔치클로페디 강요》 소장본 293절의 여백에 쓴 낙서.
이 책 152쪽에 실린 글을 참조하시오.

소이다.”(호메로스《일리아스》VI, 181)라고 말한다면, 내 말이 옳을 것이다.
또한 만일 내가 추가적으로, 이 덴마크 학술 협회의 **최고의 철학자**는 그
이전의 누구와도 상대가 안 되게 엉뚱한 짓을 했고, 최고의 찬사를 받는
그의 작품 《정신 현상학Phänomenologie des Geistes》을 읽으면서 마치 자신
이 정신 병원에 들어가 있는 듯한 기분에 휩싸이지 않는 사람은 벌써 거

기에 갇혀 있는 것이라고 말한다면, 이것 역시 내가 꽤 옳게 말한 것이다.

*

고대 및 근대 문예사를 통틀어 보아도, 어떤 문예적 사례에 붙여진 명성이 마치 헤겔 철학의 명성만큼 높다는 듯이 행세하는 것보다 더 잘못된 명성을 제시하는 건 없다. 정말 나쁜 것, 정말 확실히 거짓인 것, 어처구니없는 것, 명백히 엉뚱한 것, 더구나 지금까지의 진술에 따르면 극히 건방지고 몰지각해서 가장 불쾌하고 역겨운 것, 다시 말해 전혀 쓸모없는 그 사이비 철학이 최고의 지혜이고 전대미문의 훌륭한 것이라고 칭송받았던 적은 여태껏 그 어디서도 절대로 찾아 볼 수 없었다. (…) 사반세기 이상이나 뻔뻔스럽게 조작된 그 명성을 진짜라고 여겨 왔고 이 '의기양양한 짐승'이 독일의 학자 공화국에서 번창하며 군림해 왔기에, 그나마 이런 명청한 짓에 반대하는 몇몇 사람들조차도 또 다른 부류의 멍텅구리 학자를 향해 보기 드문 천재이자 위대한 인물이라고 존경을 표시했지, 그 밖에 감히 다른 말을 할 엄두도 내지 못했다. 그러나 우리는 여기서 초래되는 결과를 반드시 막아 낼 것이다. 따라서 문예사 전체를 통틀어 이 시기는 민족과 시대의 영원한 오점으로 남고 세기의 조롱거리로 전락할 것이다. 옳은 일이다!

헤겔주의자 Hegelianer

헤겔주의자는 자신의 주장을 펼치면서 갑자기 서로 모순된 말을 하는 상황에 이르면, "이 개념은 이제 정반대로 바뀌었다."라고 말한다.

*

게다가 헤겔주의자들은 모든 글에서 졸렬하고 몰지각하게 사전 설명도 없이 이른바 '정신Geist'에 대해 장광설을 늘어놓는다. 그러면서 사람들이 자기들의 헛소리에 지나치게 어리둥절해한다고 의아해한다. 그들은 누군가가 교수에게 갑자기 다음과 같이 질문하는 것이 적절하다는 생각은 꿈에도 하지 못한다. "정신이라니요? 도대체 그 청년이 누구지요? 그리고 그를 어떻게 아시나요? 혹시 그는 교수님께서 추론하거나 증명하기는커녕 정의조차 못 내리는, 이른바 임의적이고 편리한 실체가 아닌가요? 그리고 혹시 교수님 앞에 앉아 있는 청중이 모두 늙은 여자들뿐이라고 믿는 건가요?" 바로 이런 질문이야말로 그런 사이비 철학을 상대하기에 알맞은 것일 거다.

헤르바르트 Herbart
괴팍한 사람의 생각, 또는 편협하게 판단을 그르치는 사람의 생각은 머리를 망친다. 헤르바르트가 바로 그런 철학자이다.

희열 Glückseligkeit
우리가 선천적으로 저지르고 있는 **한 가지** 오류는 행복하기 위해 존재한다는 생각이다.

*

모든 만족, 또는 흔히 행복이라 일컬어지는 것은 원래 본질적으로 항상 **부정적**일 뿐이지 절대로 긍정적이지 않다.

*

인생 전체는, 현세적 행복은 좌절을 겪게 마련이고 그게 아니면 환상일
뿐이라는 것을 깨닫게 만든다.

1   판본은 1995년에 프랑크푸르트의 인젤Insel 출판사에서 출간되었다.

2   A. 쇼펜하우어, 《논쟁에서 이기는 법》, p. 71-72. 또한 위의 책, 《여록과 보유》, 《작품집》 5권, hg. v. Ludger Lütkehaus, Zürich 1988, Bd. IV, p. 370-71.

3   위의 책.

4   A. 쇼펜하우어, 《여록과 보유》, a.a.O., Bd. IV, p. 49.

5   위의 책.

6   위의 책 p. 373-75를 참조하라. 또한 쇼펜하우어의 《자필 유작》에 수록된 〈명예에 대한 논문 개요〉, hg. von Arthur Hübscher, 5 Bde., Kramer, Frankfurt am M. 1966-1975, Bd. III, p. 488-90 을 참조하라.

7   A. 쇼펜하우어, 《여록과 보유》, a.a.O., Bd. IV, p. 368.

8   위의 책. p. 371.

9   A. 쇼펜하우어, 〈명예에 대한 논문 개요〉, a.a.O., p. 485.

10 A. 쇼펜하우어, 《논쟁에서 이기는 법》, a.a.O., p.12-13을 참조하라.

11 A. 쇼펜하우어, 《여록과 보유》, a.a.O., Bd. I, p. 361.

12 위의 책, p. 379.

13 위의 책, p. 370. 또한 〈명예에 대한 논문 개요〉, a.a.O., p. 484-85.

14 위의 책, p. 485.

15 재미있는 것은 필적 감정에 기반한 성격 묘사이다. 루트비히 클라게스, 《필적으로 보는 쇼펜하우어》, in "Zeitschrift für Menschenkunde", 5, 1926, p. 1-16, 오늘날에는 《전집》, Bd. VIII, Bouvier, Bonn 1971, p. 609-26.

16 L. Lütkehaus (Hg.), 《쇼펜하우어 집안. 아델레, 아르투어, 하인리히 플로리스, 요하나 쇼펜하우어의 가족 편지 교환》, Zürich 1991, p. 187.

17 위의 책, p. 216.

18 위의 책, p. 220-21.

19 대부분 A. 휩셔 편집, A. 쇼펜하우어, 《대담》, Frommann-Holzboog, Stuttgart-Bad Cannstatt 1971; A. 휩셔 편집, 《쇼펜하우어와 비방술》, 《쇼펜하우어 연감》, 62, 1981, p. 179-89에 수집되어 있다.

20 《자필 유작》, a.a.O., Bd. I, p. 4를 참조하라.

21 위의 책, Bd. III, p. 477.

22 덴마크 학술 협회의 평가는 A. 쇼펜하우어, 《작품집》 5권, a.a.O., Bd. III, p. 632에 인용되어 있다.

23 앞의 책, p. 333.

24 앞의 책, p. 355.

25 A. 쇼펜하우어, 《편지 모음집》, hg. von Arthur Hübscher Bouvier, Bonn 1978, p. 480을 참조하라.

문정희

서울대학교 동양사학과를 졸업하고 독일 보홈대학교에서 예술사와 철학 및 역사를 전공하였다. 커뮤니
케이션과 관련된 BOIN 대표이며 독일에서 화가로 활동하고 있다. 《유대교 입문》《행복한 고객을 만드
는 존 숄의 고품질서비스》《달라이 라마에게 무슨 일이 일어났는가?》 등을 번역했다 .

회의주의자 쇼펜하우어, 모욕의 기술

초판 1쇄 인쇄 2020년 4월 21일 초판 1쇄 발행 2020년 4월 29일

글 아르투어 쇼펜하우어 옮김 문정희

펴낸이 연준혁 스콜라 대표 신미희
편집 5부서 부서장 김문주 편집 출판기획 이즈 디자인 오세라
펴낸곳 ㈜위즈덤하우스 출판등록 2000년 5월 23일 제13-1071호
제조국 대한민국 주소 경기도 일산동구 정발산로 43-20 센트럴프라자 6층
전화 031) 936-4000 팩스 031) 903-3891 전자우편 scola@wisdomhouse.co.kr
홈페이지 www.wisdomhouse.co.kr

ISBN 979-11-90630-03-0 03100